信義文化基金會◎策劃

鄭伯壎・黃國隆・郭建志◎主編

大學館

【海峽兩岸管理系列叢書II】

海峽兩岸之企業倫理與工作價值

財團法人
信義文化基金會

A Sinyi Cultural Foundation Series: The Management in Taiwan and China

Volume 2: *Corporate and Work Ethics in Taiwan and China*

by Cheng Bor-shiuan, Huang Kuo-long & Kuo Chien-chih (eds.)

Copyright © 1998 by Sinyi Cultural Foundation

Published in 1998 by Yuan-Liou Publishing Co., Ltd., Taiwan

All rights reserved

7F-5, 184, Sec. 3, Ding Chou Rd., Taipei, Taiwan

Tel: (886-2) 2365-1212   Fax: (886-2) 2365-7979

YL*ib* 遠流博識網

http://www.ylib.com.tw

e-mail: ylib@yuanliou.ylib.com.tw

【海峽兩岸管理系列叢書 II】

海峽兩岸之企業倫理與工作價值

策　　劃／財團法人信義文化基金會

主　　編／鄭伯壎、黃國隆、郭建志

作　　者／王叢桂、徐翠芬、戚樹誠、黃國隆、葉匡時、樊景立、蔡啓通、霍揚宗

（依筆畫序）

責任編輯／吳美瑤、賴依寬、陳永強

執行編輯／許邦珍、黃訓慶

發 行 人／王榮文

出版發行／遠流出版事業股份有限公司

　　　　　臺北市汀州路 3 段 184 號 7 樓之 5

　　　　　郵撥／0189456-1

　　　　　電話／2365-1212　　傳真／2365-7979

香港發行／遠流(香港)出版公司

　　　　　香港北角英皇道 310 號雲華大廈 4 樓 505 室

　　　　　電話／2508-9048　　傳真／2503-3258

　　　　　香港售價／港幣 93 元

法律顧問／王秀哲律師・董安丹律師

著作權顧問／蕭雄淋律師

1998 年 10 月 1 日　初版一刷

2000 年 12 月 5 日　初版二刷

行政院新聞局局版臺業字第 1295 號

新台幣售價 **280** 元　　（缺頁或破損的書，請寄回更換）

版權所有・翻印必究　**Printed in Taiwan**

ISBN 957-32-3592-7

【海峽兩岸管理系列叢書 II】

海峽兩岸之企業倫理與工作價值

策　劃
財團法人信義文化基金會

主　編
鄭伯壎・黃國隆・郭建志

作　者
王叢桂・徐翠芬・戚樹誠・黃國隆
葉匡時・樊景立・蔡啟通・霍揚宗

目　錄

作 者(依筆畫序)

王叢桂：東吳大學心理學系教授
徐翠芬：中山大學企業管理研究所碩士
戚樹誠：台灣大學工商管理學系暨商學研究所副教授
黃國隆：台灣大學工商管理學系暨商學研究所教授
葉匡時：中山大學企業管理學系教授
樊景立：香港科技大學組織管理學系教授兼副系主任
蔡啟通：銘傳大學企業管理學系副教授
霍揚宗：美國普吉桑大學

出版緣起

　　中國大陸自1979年實施改革開放政策以來，經濟快速發展，許多外商及台商對大陸市場的投資比重，隨著大陸對外開放的產業、地域範圍之擴大，而逐年增加。雖然兩岸人民屬同文同種，但兩地總體投資經營環境與企業文化却有很大的差異。此外，大陸投資的商機雖多，但台商經營失敗的例子亦時有所聞，其中對當地環境的了解與經營策略，乃是投資大陸市場的關鍵。

　　財團法人信義文化基金會從民國八十一年五月二十八日創立迄今，以推廣社會教育、學術研究及文化交流活動，進而宏揚優質文化、提昇生活品質、促進和諧人生為宗旨。期望經由社會文化及教育活動，讓社會、企業與個人重新注入「信」與「義」之積極精神。在具體的工作要項上，乃以「信義文化精神」為核心，透過「推廣企業倫理與組織文化」暨「促進兩岸與國際學術交流」四大工作方向，來達成基金會之使命。基於「促進兩岸學術交流」之工作要旨，基金會自1993年1月起即陸續主辦過：「海峽兩岸企業員工工作價值觀之差異」、「企業文化之塑造與落實」、「台灣與大陸企業文化及人力資源管理」、「華

人企業組織與管理」、「兩岸企業經貿與管理」等有關於兩岸人文、社會科學的學術研討會；以及委託國內知名學者專家進行有關：「大陸地區三資企業員工工作價值觀之研究」、「台灣與大陸企業文化之比較實證研究」等多項專題研究。同時，亦經常邀請大陸地區傑出學者專家來台訪問研究，以增進兩岸人民之了解與和諧關係之建立。在歷次調查報告、研討會之後，總是能夠獲得各界人士的熱烈迴響。

　　此次基金會出版《海峽兩岸管理系列叢書》，全套共分為《海峽兩岸之企業文化》、《海峽兩岸之企業倫理與工作價值》、《海峽兩岸之人力資源管理》及《海峽兩岸之組織與管理》四冊，主要是針對企業文化與兩岸企業管理方面的議題，將過去舉行相關研討會、專題研究暨學術論文獎之論文精選，彙編成冊，藉以分享社會大眾，擴大兩岸學術交流的影響層面。出版此一叢書之意義，不僅是肯定基金會過去積極推動兩岸企業之互動與經驗交流所做的努力，更重要的是希望透過企業文化與兩岸企業管理之合作發展，共同研擬兩岸未來的方向，以作為華人企業結盟與擴展的基礎。

　　感謝國立台灣大學鄭伯壎教授、黃國隆教授、郭建志先生於百忙中撥冗主持叢書之編輯業務，以及參與作業的吳美瑤、許邦珍、黃訓慶、陳永強、賴依寬等工作人員，特別感謝遠流出版公司王榮文董事長的大力支持，使本書得以順利出版發行，謹以誌意。

專文推薦

　　過去四、五十年來，由於全體台灣人民的勤勞奮發，使得台灣的經濟發展突飛猛進，百姓生活巨幅改善。然而，近幾年來由於台灣地區的人力與土地成本高漲，勞動力短缺，以及經濟自由化與企業國際化的趨勢，不少台灣企業紛紛向外發展，其中前往中國大陸投資設廠者尤其眾多。

　　台灣與大陸雖屬同文同種，但是海峽兩岸在政治上已分離分治達五十年之久，雙方在社會制度、經濟體制與生活方式上已有相當差異，使得許多大陸台商在經營管理上遭遇不少困難。

　　為了探討台商在大陸之經營管理問題，並增進台商對大陸經營環境之瞭解，信義文化基金會先後舉辦了「海峽兩岸企業員工工作價值觀之差異研討會」及「台灣與大陸企業文化及人力資源管理研討會」，邀請海內外相關領域的知名學者及台灣企業界的傑出人士共同發表研究心得與分享實務經驗。此外，在1996年更舉辦了「華人企業組織暨管理研討會」，探討促成華人地區經濟成長背後的組織與管理行為，以因應華人企業的全球化挑戰。

　　爲了將上述研討會的成果與社會大眾共同分享，信義文化基金會乃決定將它集結成冊，贊助經費予以出版，以期在華人社會廣爲流傳，並增進華人企業的經營效能。本人十分敬佩信義文化基金會董事長周俊吉先生的熱心提倡學術與文化活動，以及台灣大學商學研究所黃國隆教授與心理學研究所鄭伯壎教授、郭建志先生三人的精心策劃。今後希望能進一步透過華人社會學術界與企業界的共同努力，使得華人企業的經營管理能更上一層樓、華人地區的經濟成長更加耀眼。

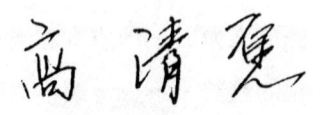

統一企業集團總裁

全國工業總會理事長

讀後感言：
賀《海峽兩岸管理系列叢書》
的出版

　　本套《海峽兩岸管理系列叢書》乃將近年來由信義文化基金會所主辦的有關學術研討會發表之論文以及所委託的專題研究成果報告彙集成冊，再由信義文化基金會出版問世。本叢書和一般其他同類以管理為主題的論著相較，其一基本特點，為自文化或人文觀點探討當前兩岸所面臨的管理問題；同時，由於其選擇兩岸企業為研究範疇或對象，又使這一叢書與一般文獻中所稱之「跨文化研究」（cross-cultural research）不同。鑑於叢書中所收論文與研究報告之作者，包括了台、港、大陸和美國各地之知名學者，無論在學術水準或見解深度上均有可觀之處。今經彙集成冊出版，不僅方便今後從事相關研究者之查考利用，相信亦將對具有我國文化色彩之管理研究方向產生重大影響。不禁使人對於信義文化基金會在這方面的眼光與默默耕耘精神，表示衷心的感佩。

　　在一般人的刻板印象中，將「企業」與「文化」二者相提並論，似乎格格不入。企業追求利潤，而文化追求價值；企業以成敗論英雄，而文化則探討較永恆之意義。事實上，這些只是表象上的差異。在本

質上，所謂企業的發展及其運作方式本身，代表人類社會為求生存與適應環境需要下的產物；依此意義，也就是文化演進下的產物。如果我們檢視構成企業的一些基本要素，如創業動機、群體合作、市場機制、利潤分配等等，無不與文化與有密切關係。學者每視企業為一種「社會技術系統」（socis-technical system），其中真正有趣的，而且和人發生直接關係的，乃在於其社會層面，而非技術層面。

　　基本上，企業的存在與發展，其最大的理由乃為社會創造「績效」（performance）。譬如人們常呼籲政府採取「企業化」方式運作，其涵義即在要求政府機關能夠秉持追求「績效」的原則推動各種政務。一般所稱，企業以追求利潤為目的的說法，只是一種虛構；企業所追求者，乃是「績效」，而利潤只是對於創造績效的報酬而已。但是，什麼是績效？這一問題的答案並非一成不變的，而是隨著時間和空間條件而改變。

　　譬如在經濟發展初期，企業所追求者，為生產產量之推增以解決供不應求之困境；但其後生產力大增，只是生產增多是不夠的，重要的是配合顧客的需求。再就顧客的需求而言，早期只是注重產品的價格低廉和經久耐用；然而今日卻喜愛「輕薄短小」之設計以及配合個人品味的不斷創新。

　　再就企業內之人際關係而言，早期所憑藉的乃是權威規範，而這種權威乃建立在家族倫理或層級職位之上。這種權威未必和任務的達成有直接的關係，同時往往是「屬人的」，造成僵化，和實際任務需要脫節。然而，隨著社會價值多元化，以及企業競爭對於創新的迫切需

要，傳統的權威來源和結構逐漸喪失其作用，被建立在專業主義和任務需要的權威所取代。

在過去幾十年中，有關企業的「治理權」（governance）問題一直飽受爭議。基本上，所謂「公有」、「私有」或「公營」、「民營」何者為優？在世界上有許多國家一直爭論不休，而且以不同型態付諸實施。這一爭議，到了今天雖未完全平息，但大體已有定論，此即為配合企業以創造「績效」為本質之前提，應該採取民有或民營型態，所謂「民營化」（privatization）已成為舉世一致的潮流。

然而這種民營企業，並非完全建立在「私有財產制度」上，只為其業主或投資者謀取利潤，而應負起種種社會責任，此時，一企業所應負責的對象，包括員工、顧客、社區、一般社會大眾，也擴及對於環境生態的保育等方面。這些責任之履行，有些已透過法律形式予以強制規定，但是更多的或更廣泛的，乃訴之於企業倫理的自我要求。

以上所概括描述的企業趨向，大致言之，代表整個世界性的潮流，恐怕也是海峽兩岸共同趨向。不過由於海峽兩岸企業的經營環境在過去幾十年間的發展歷程不同，自然造成目前狀況的差異，如今能透過諸如本系列叢書所呈現的比較研究，既可同中求異，也可異中求同！所獲得之深入了解，不但有助於管理理論的啟發，更可幫助實務工作者之實際應用。尤其面臨今後愈來愈多企業同時在海峽兩岸從事經營活動，這方面的知識必將有助於發展兼顧不同狀況下的組織管理需要。

個人有幸參與信義文化基金會所舉辦與本叢書有關之各項活動，

看到如此豐碩成果能夠編纂成冊以廣爲流傳，感到十分興奮，值此付梓前夕，特就個人所感，略綴數語以爲慶賀，並對熱心參與及籌辦研討會之先進，表示衷心欽佩。

中華民國管理科學學會理事長

前台灣大學管理學院院長

信義文化基金會董事

主編的話：
迎接華人管理世紀的來臨

　　做預測並不難，但要做準確的預測却不容易，尤其在這個巨變的時代。十幾年前，大家並未能預測蘇聯帝國的解體，會如摧枯拉朽，竟在瞬間傾垮。也無法預測同是堅持社會主義路線的中國大陸不但改弦易轍，洞開門戶，而導致了蓬勃的經濟發展。更沒有人預測到，五千多萬非居住在中國大陸的海外華人，會成為一股強大的經濟勢力。結合了中國大陸廣大的市場、充沛的人力及遼闊的土地，大中華經濟圈迅速崛起。世界銀行已經指出：跨入二十一世紀之後，包括台灣、香港、大陸在內的大中華經濟圈的經濟規模將超越日本，直追美國，甚至可能躍居世界第一。

　　在這種轉變的背後，不管是學術工作者或是實務興業家，都想抓住歷史的機遇，大顯身手一番。尤其是海峽兩岸三地的經濟、組織及管理，更捕捉了許許多多人的眼光，形成一個世界性的話題。就學術旨趣而言，不論人們對大中華經濟圈崛起的現象抱持著何種態度，它都是值得研究的對象。追隨組織與管理學的大師韋伯（Max Weber）的足跡，人們不禁納悶：為何大師的論斷——中國無法產生資本主義

的主張竟是錯得如此離譜？於是各式各樣的論証出來了，不論是贊成或反對，都已交織出一片學術的榮景。尤其在東南亞金融風暴之後，大中華經濟圈的受創程度較輕，更將引發下一波的學術思潮。

在這當中，文化當然是最無法被人忘懷的。只有在特定的文化環境之下，制度才能奏效。然而，文化指涉的是什麼？制度又扮演了何種角色？不管文化也好，制度也罷，最重要的是，彰顯文化與制度特色的廠商行動。只有透過人的行動，才能突顯出文化與制度的關鍵性效果。的確，問題的核心在人，人是制度、政策、結構及文化的載體。雖然制度與文化有其一定的決定性，但制度、文化如何落實到人的身上，人與結構又如何發生互動，而對經濟活動產生影響？只有對這些問題加以探討，才能彌補制度、文化與經濟活動之間的斷裂。

其次，從微視的觀點來看，海峽兩岸三地在經歷五十年以上的分立、分治之後，其間又各自擁有不同的歷史體驗，社會文化傳統所產生的型塑效果自是不一。因此，所展現出來的經濟活動與經濟行為也可能有所不同。如果傳統文化具有抵禦外來衝擊的硬殼，則海峽兩岸三地或各華人社會所展現的價值觀將是相似大於相異，並與西方具有清楚的分野。如果傳統文化抵擋不住現代化的型塑，則海峽兩岸三地或各華人社會由於各自的發展進程不同，而可能擁有不同的管理體系；但最後將在全球化的趨勢下，逐漸拉近彼此的距離。究竟文化的衝擊較強？抑是體制的影響較大？確實是值得討論的。當前者為真時，則關係、人情、權威、家族等華人傳統價值觀，將導出另一類的組織與管理的重大議題，並建構出一套與西方迥然不同的管理學術體

系。如果不然，則有效的管理手法將在全球化的浪潮之下，日趨一致。

第三，歷史事件的出現雖然常是偶發的，但歷史機遇的掌握，則是人為的。一旦抓住機會，將可以進一步創造歷史。例如，合資企業（joint venture）的出現是一種歷史的偶然，但做為一種新的組織類型，將可吸引有心的學術工作者投入，一方面滿足人類求知的好奇心，另一方面對傳統的組織理論有所增補。

無獨有偶的，台商、港商及其他華人企業的國際化所帶出的「家族企業全球化」的戲碼，也將吸引不少捧場的觀眾。另外，被英國《經濟學人》雜誌稱許為抵抗金融風暴利器的台灣式的產業垂直分工，亦已經為下一世紀的組織間網絡的興起做出預告。凡此種種，均說明了華人組織與管理的研究之路是如此的寬廣與絢麗。

從實務旨趣而言，全球化的興起以及大中華經濟圈的形成，在在擴大了企業家與企業人士的活動範圍。或跨海西進、三地分工；或深入不毛、遠走他鄉，都使實務工作者有重構企業版圖的機會。於是許多從來不存在或以往被忽視的課題，就顯得重要：例如，管理可以移植嗎？許多實務工作者都得理解：當一項在台、港或某一地區被證實是成功的管理制度，在什麼樣的條件下，才可以移植到其他諸如中國大陸的地區？要如何做，管理制度才能發揮其既有的效果？取法乎上（尊重總部）或取法乎下（尊重本地）將構成跨國（或跨地區）企業策略性思考的主軸。就如一鳥在手，死與放飛之間，都將是華人實務工作者「摸著石頭過河」的嶄新經驗。當然類似海外派駐與海外人力資源管理的議題也將一一浮現。國際企業管理或許是下一波華人企業

家主要學習的課題，也是創新管理技術的主要舞台。

自從一九八四年（民國七十三年）國立台灣大學心理學系與中國時報舉辦「中國式管理研討會」以降，海外針對華人組織與管理的研討頗多，均想帶出具有華人本色的管理與實務，從X、Y、Z理論邁向C理論。可惜的是，首開風氣之先的台灣卻反而躊躇不前。就在薪火將熄之際，幸賴信義文化基金會義無反顧，扶傾濟危。從一九九三年之後，每年舉辦華人管理議題的研討，召集海內外識見卓越之士，齊聚一堂，共同討論。目前已歷五屆，主題包括海峽兩岸之工作價值、企業文化、組織管理及經貿往來，討論精彩，鞭辟入裡。當鄭伯壎教授於英國劍橋大學訪問時，呂源敎授提議，各主題的論文水準均屬上乘，何妨編輯成書，發行海內外。一方面可以提升學術研究水準，對管理實務有所助益；一方面也可推廣信義企業集團的「信義精神」。於是我們乃向信義文化基金會提議，基金會不但欣然同意資助出版，而且也獲得了遠流出版公司的鼎力相助。經過多次的討論之後，我們決定先編纂四冊，分別爲海峽兩岸之企業文化、企業倫理與工作價值、人力資源管理以及組織與管理。我們十分感謝周俊吉先生與王榮文先生兩位企業精英，更要特別向編輯工作小組的諸位成員：吳美瑤小姐、許邦珍小姐、賴依寬小姐及陳永強先生致上最崇高的敬意，她（他）們已爲團隊工作樹立了完美的典範。

幽默大師馬克吐溫曾說，一個動手抓住貓尾巴，把貓拎回家的人，所獲得的啓示，十倍於在旁邊觀看的人。我們是旁觀者，雖然我們也看得仔細，但我們更感佩那些動手抓貓的企業人士。二十世紀即將落

幕，讓我們一起迎接華人管理世紀的來臨，共創華人管理美好的未來。

謹識

於國立台灣大學

華人社會商業道德初探：
大陸、香港、台灣三地之比較研究

樊景立

香港科技大學組織管理學系

〈摘要〉

　　大陸、香港、台灣這三個華人社會，雖然源於相同的中華文化命脈，但在經過數十年的分隔後，已經各自發展出獨特的政治、社會與經濟系統。本文最主要的目的在探討兩岸三地的華人社會在商業道德觀念上的異同。

　　本研究之樣本取材自六百九十三位來自大陸、香港、台灣三地就讀於大學企管學院的高年級學生。所有的受試者以不記名的方式塡答商業道德問卷。因素分析結果顯示，受試者所知覺到的商業道德觀共可分爲六個構面，分別是「缺乏敬業精神」、「政治詐術」、「侵佔公司資源」、「隱藏同事／上司違規」、「欺騙顧客」及「賄賂」。研究結果發現中國、香港及台灣的學生在「政治詐術」和「隱藏同事／上司違規」兩個構面上得分類似，但在「缺乏敬業精神」、「侵佔公司資源」、「欺騙顧客」及「賄賂」四個構面上有明顯的差異。首先，大陸學生對「缺乏敬業精神」和「侵佔公司資源」持有最高的道德標準，其次是台灣，最差的是香港。在「欺騙顧客」構面上，台灣學生的道德標準最高，香港和大陸的學生結果類似，均顯著的低於台灣學生。最後，在「賄賂」方面，大陸學生的道德標準最低，台灣與香港兩地的學生間並無顯著差異，兩者的道德標準均顯著高於大陸學生。這些結果反映兩岸三地在政治、經濟和社會結構與制度上的差異對商業道德觀之影響。

　　本研究同時發現，女性在「政治詐術」、「欺騙顧客」、「賄賂」三個構面上，所持的道德標準比男生爲高。信仰基督教與天主教的學生在「政治詐術」上的道德標準比信仰其它宗教或無信仰者爲高。同時，學生的知覺社會道德

規範和其個人商業道德標準的高低有顯著的正向關係。本文進一步探討這些研究結果，在理論上及管理實務上的涵意。

研究背景

　　跨入九十年代，商業道德已成爲各地華人社會不約而同的關注話題。目前中國大陸正興起一股打擊貪污舞弊的風潮，無論是官方或百姓對於市場經濟下的脫序行爲，例如銷售假冒偽劣的商品，都感深惡痛覺。而台灣社會對於金權交易，黑道介入政治和商業等非法活動，也是憂心忡忡。在即將過渡到中方統治的香港，官方的統計數字顯示，白領階級犯罪的案例正逐年快速增加，目前港人一項主要的隱憂是九七之後香港能否堅守現有的法治系統，杜絕從大陸來的貪污與賄賂風潮。

　　大陸、香港、台灣這三個華人社會，雖然源於相同的中華文化命脈，但在經過數十年的分隔後，已經各自發展出獨特的政治、社會與經濟系統。在這期間，商業道德觀在這三個華人社會有何相同與相異之處呢？而華人的個人特徵（例如性別與宗教信仰）及其所知覺到的社會道德規範，又與其商業道德之間有何關連性呢？本研究最主要的目的在探討這些問題。

一、商業道德的意義與內涵

　　商業道德，又稱爲商業倫理，是人們在從事商業活動中所遵行的行爲規範或準則。商業道德和法律雖然有相當大的重疊，但嚴格來說，

兩者是不同的，在任何社會並非所有合乎道德的規範都會制定成法律，也並不是每一條法律都合乎道德（Beauchamp & Bowie, 1997）。

由於道德標準無可避免的涉及宗教、倫理哲學和社會傳統，再以今日商業活動的複雜化和國際化，要想給商業道德下一個實質性的定義是十分困難的。Lewis（1985）曾翻閱了254篇有關商業道德的文獻，發現了308種不同的定義，他幽默的給該文題名為——「給商業道德下定義就好像用釘子把果凍釘在牆上」。

本文最主要的目的，不是在從倫理學或哲學的角度來探討當今華人社會應該具有的商業道德，而是從行為科學的角度來探討華人社會商業道德的差異，以及性別、宗教信仰、及知覺社會道德規範對商業道德標準的影響。因此本文不需要對商業道德下一個周延和實質性的定義。雖然如此，本文仍需要闡明什麼是不合乎商業道德的行為。

回顧西方有關商業道德的實證研究，筆者發現並沒有一項標準的測量工具可以運用。因為商業道德所包含的內容太廣，不同的研究者隨著個人的興趣不同、研究的對象不同，選擇不同類型的不道德行為或案例（vignette）作為研究工具。雖然如此，筆者發現，下列六類不道德行為是常受西方研究商業道德的學者關注對象（Ferrell & Weaver, 1978; Fritzsche & Becker, 1984; Honeycutt, Siguaw, & Hunt, 1995; Izraeli, 1988; McDonald & Zepp, 1988; Newstrom & Ruch, 1975; Nyaw & Ng, 1994; Preble & Reichel, 1988）：

1.缺乏敬業精神：員工在工作上不負責，違反了雇傭關係的基本契約。例如找藉口請病假。

2.政治詐術：員工在公司內與主管、同事、或部屬相處時，為了私利而做出的不道德欺詐行為。例如貪同事之功為己有。

3.侵佔公司資源：利用職務上的方便，侵佔公司資產，公私不分，公物私用。例如利用上班時間，處理個人事務。

4.隱藏同事／上司違規：員工工作上發現公司內的同仁有違法亂紀的行為，但却因為各種顧忌而知情不報。例如當知道上司違法時，不告訴任何人。

5.欺騙顧客：員工與顧客交往時，用欺騙的手段來促成交易，以使公司或個人圖利。例如使用比合同所要求更便宜的零件來取代。

6.賄賂：在商業活動中，員工以賄賂為手段，為公司或個人來獲取不正當的利益。例如請潛在顧客免費渡假。

這六類不道德行為雖然是西方學者所關注的，但從華人社會的倫理價值的角度來看，第一、二、三、五、六類行為明顯的違反了我國社會所重視的誠信原則。唯一例外的是第四類「隱藏同事或上司違規」，該類行為把當事人夾在兩難的困境，一方面是對上司和同事的忠心，另一方面涉及了對公司或社會整體的責任。從傳統文化的角度來看，不舉報上司或同事違法是合乎情理的；但從社會公民的角度來看，這種袒護朋友或上司的行為却是不道德的。因此，對於此一構面結果的解釋，我們應當特別謹慎。

二、華人社會的商業道德水平

雖然西方學者對於商業道德的實證研究已有三十年以上的歷史，

論文數目超過一百篇以上（Randall & Gibson, 1990），這些研究絕大多數以西方社會為研究對象。近十年來，由於學者對比較管理課題的重視，比較各國商業道德水準差異的文獻也陸續出籠。大體而言，這些研究因為缺乏堅實的理論為基礎，再加上測量工具的不對等性以及樣本間缺乏可比較性等問題，研究結論瑣碎且常常互相矛盾，缺乏參考價值。這其中有關不同華人社會商業道德比較之論文，更是鳳毛麟角。

　　Nyaw & Ng（1994）曾以日本、香港、台灣及加拿大四個地區商學院學生為樣本，比較四個地區的學生在14個商業道德困境案例上的判斷結果。台灣的樣本共有192人，來自中山大學；香港的樣本有151人，來自中文大學。Nyaw & Ng發現，台灣與香港的學生在三類道德問題上判斷結果有差異：一、就「揭發主管違規行為」而言，台灣學生的道德標準比香港學生低。換言之，台灣學生較不願意揭發主管不合法的行為；二、就「善待顧客」而言，台灣學生的道德標準要高於香港學生。換言之，台灣學生覺得更應該以公平友善的方式來對待顧客。三、就「公平對待競爭者」而言，香港學生的道德標準要高於台灣學生，換言之，香港學生覺得更應該以正當的手段來與競爭者角逐。除了以上差異外，Nyaw & Ng還發現，台灣與香港的學生在「保障員工工作機會」、「提供員工安全工作環境」、「男女平等」、「善待供應商」等諸項上無顯著差異。Nyaw & Ng的研究重點在比較東方與西方的差異，因此對台港學生道德標準的差異並沒有提出任何解釋。另外，Nyaw & Ng用英文問卷對台灣及香港學生施測，這雖然避免了使用不同語言的困難，但是用英文量表對台灣與香港學生施測，研究結果仍

待進一步的證實。

　　英國《經濟學人》週刊最近曾報導，在一項以歐、美外派到亞洲來服務的經理人員爲主要樣本的研究發現，大陸、印度和印尼被認爲是亞洲貪污最嚴重的國家，台灣、馬來西亞和南韓的貪污情況雖比前者爲佳，但仍然相當普遍；香港的情況雖然比台灣好，但是仍然比日本、新加坡，或歐美國家爲差（The Economist, 1995）。此項研究雖然不是以華人爲樣本，但透過西方跨國公司經理人員的經驗，我們可以看出貪污與受賄的問題在當今的華人社會，可能以大陸爲最嚴重，其次是台灣，再次是香港，最好的應該是新加坡。

　　鄭伯壎（1995）曾對台灣與大陸的台資企業的企業文化進行了一項大規模調查，參與研究的台灣與大陸職工各超過了一千人。雖然鄭氏的研究不是以商業道德爲範疇，但其企業文化的量表中卻包含了「敬業精神」一項。鄭氏發現，整體而言，台灣職工在敬業精神上的得分高於大陸職工，但更有趣的是，這項結果隨產業的不同而有差異。就電子業而言，台灣職工的敬業精神遠高於大陸職工，但就食品業而言，大陸員工的敬業精神卻高於台灣職工，而就服務業而言，台灣的職工則略高於大陸職工。鄭氏的研究結果顯示，員工的敬業精神會隨著企業或產業的不同而異。鄭氏的研究結果，其實在西方的商業道德研究中也屢見不鮮。Ford & Richardson（1994）最近曾對西方商業道德實證研究進行歸納整理，發現組織因素是影響員工商業道德水平的重要因素，例如：公司若肯制定並實行商業道德的規章（code of ethics），則員工的商業道德水平較高；公司內的組織文化和氣候愈重視商業道

德，則員工的商業道德標準愈高。因此，用從業員工做爲樣本來進行商業道德的比較研究，研究者必需要考慮到公司間、甚至產業間的商業道德文化差異，假如不能對這些因素加以適當的控制，所得到的結果很可能會誤導。

三、性別、宗教及社會道德規範對商業道德的影響

本研究除了探討不同華人社會的商業道德水平外，並且想要瞭解受試者的個人特徵因素，即性別和宗教信仰，對其商業道德的影響。在西方商業道德的文獻中，性別可以說是被研究最多的個人特徵變項。Ford & Richardson（1994）曾回顧了14個有關性別與商業道德的研究，發現其中有7個研究顯示，至少在某些商業道德的情境中，女性比男性表現出較高的道德標準，其餘的7項則發現男女的道德標準並無差異。值得注意的是，在14項研究中，沒有一個研究報導男性比女性持有較高的道德標準。這樣的結果並不令人驚奇，因爲社會心理學家早已發現，在社會化的過程中男女有不同的經歷，男性經常被鼓勵具有較高的侵略性（aggressive）、富野心（ambitious）及不受情緒影響（unemotional）；而女性則應該溫柔（gentle）、善體人意（aware of feelings of others）及篤信宗敎（religious）。男女在社會化上的差異很可能使得女性對於某些道德情境中受害者的困境特別敏感，例如：被辭退員工的困境，因使用有瑕疵產品而受到損害的顧客等，因此女性比男性表現出較高的道德水準。雖然在目前商業道德的文獻中缺乏以華人社會爲樣本的性別研究，由於性別角色刻板印象（sex-role stereotypes）有高度的跨文化共通性（Williams & Best, 1990），西方的研究結論很可能適用於華人社會。

　　Ford & Richardson（1994）曾回顧四項有關宗教信仰與商業道德行為的實證研究，在這四個研究中，只有一個發現宗教信仰與商業道德有關：McNichols & Zimmerer（1985）以1187個大學生為樣本，發現宗教信仰的強度和道德標準有顯著、正向的關係。由於缺乏以華人社會為樣本的研究，到底華人的宗教信仰是否和其商業道德行為有所關連？這是一項有趣、但懸而未決的問題。

　　除了性別與宗教兩項個人特徵外，受試者所知覺到的社會道德規範（perceived social norms）和其商業道德行為也有密切的關連。McDonald & Zepp（1988）曾以九十七位香港中級經理人員為樣本，受試者對十三項不道德情境表達個人判斷。作者然後又請受試者假想他的同僚會對這些相同情境表達贊同。受試者認為同僚的可能反應方式就代表了受試者所知覺到的和該情境有關的社會道德規範。McDonald & Zepp發現，受試者的道德標準和知覺到的社會道德規範有顯著的正相關，換言之，受試者認為同僚的社會道德規範愈高，其個人所表現出來的道德標準也愈高。同時受試者也認為自己所持有的道德標準高於其同僚的社會道德規範。以上兩項結論在許多類似的研究中也得到證實（例如：Krugman & Ferrell, 1981; Israeli, 1988）。

四、研究假設

　　從以上的文獻回顧與整理，我們可以華人社會的商業道德做出下

列四點初步的假設：

假設一：就賄賂問題而言，香港的道德標準高於台灣，台灣的標準又高於大陸。

假設二：女性的商業道德標準應顯著的高於男性。

假設三：受試者所知覺到的社會道德規範和其個人的道德標準有正向關係。

假設四：受試者的道德標準高於其所知覺到的社會道德規範。

研究方法

一、研究設計

　　在本研究的設計過程中，最困難的問題是樣本的選擇。由於資源的限制，無法採取大規模的隨機抽樣。另一個選樣的問題是——要以員工還是學生為研究對象？以員工為對象的好處是，受試者因為工作經驗可能親身經歷到許多商業道德的困境，因此作答時可能會較富真實性。然而從比較研究的觀點來看，使用員工為樣本也有一重大缺失，即員工的商業道德判斷常會受到企業文化環境影響。假如研究者採取便利抽樣就無法保證來自不同華人社會、不同企業的員工，其所任職公司的企業文化環境是類似的和可比較的。為了克服上述困難，筆者決定以大學生為對象。在陸、港、台三地選取該地區的優秀大學，再

以該校商學院大三或大四的學生爲母體。這樣的選擇方式，不只是增強了樣本之間的比較性；同時，透過大學課程內容的學習，商學院的高年級學生對於商業道德情境的認識與了解也比較深入。

二、樣本特徵

本研究之樣本取材自693位來自兩岸三地就讀於大學企管學院的高年級學生。其中有194位來自廣州中山大學，249位來自香港科技大學，還有250位來自台灣的政治大學及台灣大學。樣本的總平均年齡爲21歲，三個樣本的年齡差異極微（大陸20.9歲、香港20.7、台灣21.3）。**表一**列出了三個樣本的性別及宗教分配。就性別比例而言，大陸樣本的男性比例明顯的較台、港兩地的樣本爲高（大陸59%、香港37%、台灣44%）。就宗教信仰而言，兩岸三地也有明顯差異，大陸樣本以無宗教信仰佔最多數（89%），其次爲佛教8%；香港樣本中雖也以無宗教信仰佔71%，但基督教與天主教的比例也高達28%。台灣的樣本中，無宗教者佔59%，其次爲佛教28%，基督教及天主教6%，另有7%的樣本是其它宗教信仰。根據筆者對台灣宗教情況的瞭解，這其它宗教信仰應指道教、一貫道或其它民間信仰。

兩岸三地的樣本是透過在該地任教的老師搜集，樣本的取材以唸企業管理專業的大三或大四學生爲對象，由各個商科系中隨意抽取。所有受試者均以不記名的方式填答問卷。

表一　樣本特徵

	大陸		香港		台灣	
	人　數	百分比	人　數	百分比	人　數	百分比
性別						
男	115	59.3	91	36.5	110	44.0
女	79	40.7	158	63.5	140	56.0
	194		249		250	
宗教信仰						
基督教	1	.5	54	21.7	13	5.2
天主教	0	0.0	15	6.0	3	1.2
佛教	15	7.7	3	1.2	69	27.6
其它	5	2.6	0	0	18	7.2
沒有	173	89.2	177	71.1	147	58.8
	194		249		250	

三、商業道德量表的編製與施測

　　目前國外研究商業道德的文獻並無標準量表可資採用，Randall & Gibson（1990）曾回顧了過去有關商業道德的實徵研究94篇，他們發現大部份的研究者均忽略了測量工具的信度與效度問題，有78%的實證研究沒有進行初試，81%的研究沒有報導問卷的信度。為了克服以上的困難，筆者決定自行發展商業道德量表。筆者首先整理過去商業道德實證研究文獻中所使用的量表，從其中選取與「缺乏敬業精神」、「政治詐術」、「侵佔公司資源」、「隱藏同事／上司違規」、「欺騙顧客」及

賄賂」等六個構面有關的不道德行爲。經刪除重複性高、題意模糊及不合乎國情者共得27題。這些英文題目經過翻譯與再翻譯（translation and back-translation）的過程後成爲中文版。爲了確保中文版的題目可以同時適用於大陸、香港與台灣，筆者與來自大陸與香港的研究助理與同事反覆斟酌，最後才定稿。

施測時，我們告訴受試者：「每個問題都沒有正確或錯誤的答案，我們從以往的研究得知，不同的人對這些問題有不同的看法。請您根據您的實際感受來回答每一題」。所有的題目均採用李克特氏（Likert）五點量表（1＝完全無法接受、2＝不能接受、3＝無法確定、4＝可以接受、5＝完全可以接受）。因此在各構面上，分數越低表明受試者的商業道德標準越高。

四、社會道德規範量表

社會道德規範量表是由商業道德量表中抽取6題組成，即「故意拖延，而不盡力去完成工作」、「請潛在的重要顧客免費渡假」、「隱瞞質量方面的小問題，以便盡快出貨」、「帶配偶去公務旅行，並將費用全部向公司報銷」、「多報開支帳目，因你認爲公司付你的薪水不夠高」和「接受供應商的禮物或恩惠，然後給他訂單作爲回報」。受試者針對每個題目回答其認爲社會一般人士對該行爲的看法，測量的尺度與商業道德量表相同，因此分數愈低代表受試者認爲當地社會的道德標準愈高。因素分析的結果顯示，該量表僅由一個因素組成，該因素可解釋45.5%的總變異量。該量表的信度爲0.76。

研究結果

一、商業道德量表的因素分析

　　在驗證本研究的假設之前，首要步驟是找出大陸、香港、台灣三個樣本中商業道德行為的共同因素結構。由於本研究主要興趣是個人層次行為現象，因此在進行因素分析前，應先除去三個樣本間在文化層次上的差異（culture-level effect）。依照Leung & Bond（1989）的建議，我們把商業道德量表中的題目，逐題在各自的地區樣本中予以標準化（standardization），產生平均數為0，標準差為1的標準分數。然後再把三個樣本的標準分數予以合併，才進行因素分析。

　　探討性的因素分析顯示，該量表由六個因素固定值（eigenvalue）大於1的因素組成，經正交轉軸分析後，發現該六因素與我們當初所計劃的商業道德六個構面非常類似。為了要使得到的因素儘量清晰，我們決定從原量表目中刪除三個題目，其一為「答應給承包商回扣，因為知道其他人也這樣做」，該題的因素負荷量平均分散在「賄賂」和「欺騙顧客」兩個構面上；其二為「當你需要錢時，向富有的顧客收取額外的服務費」，該題的主要因素負荷量雖正確的落在「欺騙顧客」上，但同時也在「侵佔公司資源」上有相當高的交叉負荷量；其三為「多報開支帳目，因你相信其他人也這麼做」，該題的因素負荷量雖然正確

落在「侵佔公司資源」上，但因其負荷量偏低，故予以刪除。

表二列出了修正後商業道德量表的因素分析結果。由該表可以看出，所有題目的因素負荷量均清晰的落在其相關的構面上，六個因素共可解釋50.7%的總變異量。

表三列出了本研究中所有變項的相關係數，該表的對角線同時列出了各變項信度值（Cronbach Alpha Coefficient）。由表三可看出商業道德的六個構面，其信度值由.57至.69，因為這是一個新的量表，而且每個構面只有3至5個題目，這樣的信度水平雖不夠理想，但仍然可以接受。由表三中，我們尚可看出，六個道德構面間的相關程度並不高，相關最高的是「缺乏敬業精神」與「侵佔公司資源」（r＝.43），最低的是「缺乏敬業精神」與「賄賂」（r＝0），其餘的相關係數則在.23至.39之間。

二、地區對商業道德的影響

由前文有關樣本特徵的討論中，我們知道性別比例及宗教信仰在本研究的三個樣本中分配十分不平均。為了正確檢驗這些因素對商業道德的影響力，我們採用了多元迴歸分析法以同時檢定各變項的解釋力。在此分析方法中，地區由兩個假變項（dummy variable）來代表，「地區一」代表大陸與台灣對比；「地區二」代表香港與台灣的對比。宗教信仰也由兩個假變項來代表，「宗教一」代表西方宗教（即基督教與天主教）與無宗教信仰組的對比；「宗教二」代表東方宗教（即佛教和其它宗教）與無宗教信仰組的對比。此外性別也由一個假變項來

表二　商業道德量表之因素分析結果（N＝679）

商業道德構面	缺乏敬業精神	政治詐術	侵佔公司資源	隱藏同事／上司違規	欺騙顧客	賄賂
缺乏敬業精神						
下班前草草了結，以提早離開	.71					
上班時間閒聊、打瞌睡、出工不出力	.67					
故意拖延，而不盡力去完成工作	.49					
找藉口請病假	.46					
政治詐術						
貪同事之功爲己有		.83				
貪下屬之功爲己有		.78				
造謠誹謗你認爲會搶你工作職位的同事		.71				
將自己之錯歸咎於同事		.59				
侵佔公司資源						
利用公司的資源（人、財、物）辦私事			.73			
拷貝公司擁有的電腦軟件私自使用			.70			
利用上班時間，處理個人事務			.60			
帶配偶去公務旅行，並將費用全部向公司報銷			.60		.32	
隱藏同事／上司違規						
不舉報同事違反公司規章的行爲			.75			

表二（續）

商業道德構面	缺乏敬業精神	政治詐術	侵佔公司資源	隱藏同事／上司違規	欺騙顧客	賄賂
不舉報上司違反公司重要規章的行為			.73			
當你知道你的上司違法時，不告訴任何人			.65			
不舉報同事的違法行為			.63			
欺騙顧客						
隱瞞質量方面的小問題，以便盡快出貨				.71		
如果能應付過去，就使用比合同所要求更便宜的零件來取代				.70		
只要不致於傷害人，就可以刊登誤導性的廣告				.57		
賄賂						
僱用競爭對手的僱員以獲取對方的商業機密					.68	
向競爭對手的僱員「暗送秋波」，以獲得對方對自己有用的情報					.69	
請潛在的重要顧客免費渡假					.61	
在春節時，向你最重要的顧客送一箱名酒					.57	
向供應商送禮或施惠以換取優惠待遇					.47	

表三　商業道德觀及相關變項的平均數、標準差及其相關係數(N＝693)

變數	平均數	標準差	1	2	3	4	5	6	7	8	9	10	11	12
1 缺乏敬業精神	2.58	0.60	.59											
2 政治手腕	1.90	0.58	.30**	.70										
3 侵佔公司資源	2.90	0.66	.43**	.33**	.70									
4 隱藏違規	3.03	0.55	.25**	.23**	.27**	.68								
5 欺騙顧客	2.55	0.69	.28**	.39**	.34**	.24**	.68							
6 關說	3.47	0.65	.00	.28**	.26**	.26**	.30**	.69						
7 社會規範	3.63	0.59	.16**	.02	.15**	.11*	.13**	.07	.76					
8 性別(男=1，女=0)	0.46	0.50	-.12**	.07	.00	.01	.14**	.29**	-.13**	NA				
9 宗教1(西方宗教=1，無宗教=0)	0.12	0.33	.09*	-.06	.04	.04	-.00	-.15**	.08*	-.13**	NA			
10 宗教2(佛教=1，無信仰=0)	0.16	0.37	-.10*	.01	-.04	-.01	-.10**	-.03	-.04	-.16**	-.09*	NA		
11 地區1(大陸=1，台灣=0)	0.28	0.45	-.28**	-.04	-.19**	-.08*	.08*	.36**	-.03	.17**	-.22**	.35**	NA	
12 地區2(香港=1，台灣=0)	0.36	0.48	.26**	.09*	.21**	.00	.15**	-.24**	.02	-.14**	-.30**	-.47**	NA	NA

*p <.05；**p <.01（雙尾檢定）

列於對角線的數字為各變項之Cronbach Alpha係數。NA代表不適用。

代表（男性＝1，女性＝0）。除了上述變項外，我們也把「社會規範」一併納入迴歸分析。這樣的分析法，可以清晰的看出每個變項，在將其它相關變項控制後，其對商業道德的淨影響力（Cohen & Cohen, 1983）。

表四列出了迴歸分析的結果，首先看地區對商業道德的影響。表中的第三行列出地區變項對商業道德各構面的淨影響力。由該行中可看出，地區對於商業道德的六個構面都有顯著的影響。從淨解釋量（△R^2）的大小可看出，地區對「缺乏敬業精神」及「賄賂」兩個構面影響最大（△R^2均為.09），其次是「侵佔公司資源」（△R^2＝.06）和「欺騙顧客」（△R^2＝.04），最弱的是「政治詐術」（△R^2＝.02）和「隱藏上司／同事違規」（△R^2＝.01）。

表五列出了陸、港、台二地區在各商業道德構面上得分的平均數及地區間的比較結果。假設一認為「就賄賂問題而言，香港的道德標準高於台灣，台灣的標準又高於大陸」，表五的結果顯示，就「賄賂」而言，大陸學生的道德標準顯著的低於台灣與香港學生，而台、港兩地的學生間並無顯著差異。因此假設一僅得到部份的證實。

就商業道德的其它五個構面而言，其結果如下（道德標準由高至低排列）：

缺乏敬業精神：大陸 > 台灣 > 香港

政治詐術：大陸 ≈ 台灣 > 香港

侵佔公司資源：大陸 > 台灣 > 香港

隱藏上司／同事違規：大陸 > 台灣、大陸 ≈ 香港、台灣 ≈ 香港

表四　地區、性別、宗教信仰及社會規範對商業道德的
迴歸分析結果（N＝693）

	缺乏敬業精神	政治詐術	侵佔公司資源	隱藏違規	欺騙顧客	賄賂
地區						
地區1	−.22**	−.00	−.12**	−.12**	.17**	.28**
地區2	.14**	.14**	.18**	−.07	.26**	−.07
△R²	.09**	.02**	.06**	.01*	.04**	.09**
性別	−.05	.09*	.06	.04	.16**	.24**
△R²	.00	.01*	.00	.00	.02**	.06**
宗教信仰						
宗教1	−.04	−.10*	−.05	.02	−.05	−.05
宗教2	−.08*	.04	.00	−.03	−.01	−.03
△R²	.01	.01*	.00	.00	.00	
社會規範	.14**	−.04	.16**	.11**	.16**	.11**
△R²	.02**	.00	.02**	.01**	.02**	.01**
總解釋量(Overall R²)	.13**	.03**	.08**	.02**	.09**	.20**
調整後解釋量(Adjusted R²)	.12	.02	.07	.01	.09	.20

附註1：*p＜.05；**p＜.01（雙尾檢定）

附註2：△R²代表該變項（或該組變項）在迴歸方程中的淨解釋量（unique contri-
bution），即迴歸方程式中其它變項不變動，因加入該變項（或該組變項）
而增加的淨解釋量。

附註3：假變項的定義（coding of dummy varible）：
地區1（大陸＝1，香港＝0，台灣＝0），地區2（香港＝1，大陸＝0，台灣＝
0）；
性別（男＝1，女＝0）；
宗教1（西方宗教＝1，東方宗教＝0，無宗教＝0），宗教2（東方宗教＝1，
西方宗教＝0，無宗教＝0）。

表五　大陸、香港、台灣地區商業首道德、社會規範之平均數比較表

		大陸 (男=115， 女=79)	香港 (男=91， 女=158)	台灣 (男=110， 女=140)	合計
商業道德觀構面					
缺乏敬業精神	男	2.27 (.52)	2.74　(.65)	2.56 (.51)	2.50 (.58)
	女	2.37 (.54)	2.82　(.60)	2.61 (.56)	2.65 (.60)
	合計	2.31^a(.53)	2.79^b(.62)	2.59^c(.54)	
政治詐術	男	1.95 (.59)	1.99　(.62)	1.92 (.58)	1.95 (.59)
	女	1.75 (.51)	1.96　(.62)	1.82 (.51)	1.86 (.57)
	合計	1.87^a(.56)	1.97^b(.62)	1.86^c(.54)	
侵佔公司資源	男	2.68 (.66)	3.13　(.63)	2.93 (.69)	2.90 (.68)
	女	2.72 (.68)	3.05　(.62)	2.81 (.59)	2.89 (.64)
	合計	2.70^a(.67)	3.08^b(.63)	2.86^c(.64)	
隱藏同事／上司違規	男	2.96 (.60)	3.05　(.57)	3.12 (.51)	3.04 (.56)
	女	2.96 (.64)	3.03　(.57)	3.07 (.44)	3.03 (.54)
	合計	2.96^a(.61)	2.03^{ab}(.57)	3.09^b(.47)	
欺騙顧客	男	2.67 (.77)	2.81　(.74)	2.50 (.59)	2.65 (.71)
	女	2.59 (.66)	2.62　(.66)	2.23 (.59)	2.47 (.66)
	合計	2.64^a(.72)	2.69^a(.69)	2.35^b(.61)	
賄賂	男	3.93 (.51)	3.48　(.70)	3.59 (.59)	3.68 (.62)
	女	3.73 (.56)	3.14　(.60)	3.23 (.58)	3.29 (.63)
	合計	3.85^a(.54)	3.26^b(.66)	3.39^b(.61)	
社會規範	男	3.58 (.54)	3.53　(.61)	3.54 (.58)	3.55 (.57)
	女	3.63 (.63)	3.72　(.59)	3.72 (.57)	3.70 (.59)
	合計	3.60 (.58)	3.65　(.60)	3.64 (.58)	

*p 〈.05; **p 〈.01（雙尾檢定）

附註：本表也列出了在各構面上，地區間平均數的比較結果。各構面的合計列，
　　　如果平均數標有不同符號（例如a, b, c），代表彼此間差異達到.05統計顯著
　　　水準。

欺騙顧客：台灣＞大陸≈香港

　　為了更清楚的看出三地的大學生在各道德構面上的反應差異，我們將受試者在各構面上的得分分成三類（「無法接受」、「不確定」及「可以接受」）予以列表。凡受試者在某一不道德行為上的平均得分低於2.50者分類為「無法接受」，平均得分介於2.50和3.50者分類為「不確定」，平均得分高於3.50者分類為「可以接受」。**表六**出了大陸、香港、台灣三地區的大學生在各類不道德行為上的接受程度百分比。由**表六**可清楚的看出，三地區的學生對不道德行為的接受度不同，而其間的差異在「缺乏敬業精神」、「欺騙顧客」及「賄賂」上尤其明顯。

三、性別及宗教對商業道德的影響

　　假設二認為「女性的商業道德標準顯著的高於男性」，迴歸分析的結果顯示，性別對「政治詐術」、「欺騙顧客」及「賄賂」三個構面有顯著的影響。這三個構面上，性別的迴歸係數均為正的，代表女性在這三方面的道德標準均明顯的高於男性。**表五**的合計欄列出了男性與女性在各構面上的平均分數，由此表可看出性別對商業道德各構面的影響。因此假設二獲部份支持。

　　表四同時也檢驗宗教信仰對商業道德的影響，結果顯示，在六個構面中，宗教只在「政治詐術」上的影響力達到顯著水準。進一步的分析顯示，信仰基督教或天主教的學生（平均數＝1.75）比相信東方宗教（平均數＝1.98）或沒有宗教信仰的學生（平均數＝1.92），在「政治詐術」上持有比較高的道德標準。

表六　大陸、香港、台灣地區學生對於不道德商業行為的接受程度
　　　百分比

商業道德觀構面	人數	無法接受	不確定	可以接受
缺乏敬業精神				
大陸	194	61.3%	36.6%	2.1%
香港	249	26.5%	65.5%	8.0%
台灣	250	37.2%	60.0%	2.8%
合計	693	40.1%	55.4%	4.5%
政治詐術				
大陸	194	84.0%	14.4%	1.5%
香港	249	79.1%	18.5%	2.4%
台灣	250	82.0%	18.0%	0.0%
合計	693	81.5%	17.2%	1.3%
侵佔公司資源				
大陸	194	35.6%	52.6%	11.9%
香港	249	11.6%	69.5%	18.9%
台灣	250	21.2%	67.6%	11.2%
合計	693	21.8%	64.1%	14.1%
隱藏同事/上司違規				
大陸	194	14.9%	70.1%	14.9%
香港	249	9.2%	77.5%	13.3%
台灣	250	4.4%	82.0%	13.6%
合計	693	9.1%	77.1%	13.9%
欺騙顧客				
大陸	194	42.8%	45.4%	11.9%
香港	249	39.0%	48.6%	12.4%
台灣	250	63.2%	33.6%	3.2%
合計	693	48.8%	42.3%	8.9%
賄賂				
大陸	194	1.5%	22.2%	76.3%
香港	249	11.6%	51.8%	36.5%
台灣	250	7.2%	47.6%	45.2%
合計	693	7.2%	42.0%	50.8%

附註：受試者分數低於2.50分類為「無法接受」；
　　　受試者分數介乎於2.50至3.50之間分類為「不確定」；
　　　受試者分數高於3.50分類為「可以接受」。

四、社會規範與商業道德的關係

假設三認為「受試者所知覺到的社會道德規範和個人的道德標準有正向關係」。**表四**的迴歸分析結果顯示，除了「政治詐術」之外，社會規範和商業道德的各構面間均有顯著的正向關係。換言之，學生認為社會道德規範愈低，其個人的道德標準也愈低，反之亦然。因此假設三獲得強力的支持。

假設四認為「受試者的道德標準高於其所知覺到的社會道德規範」。本研究中社會規範的總平均值為3.63（標準差＝0.59）。而受試者在相同題目上的個人商業道德的總平均值為2.85（標準差＝0.54），兩者的差異達到.001的顯著水準，因此受試者的個人道德標準顯著高於其所知覺的社會規範標準。假設四得到強力的支持。

除了探討社會規範與商業道德的關係外，地區、宗教、及性別是否會影響受試者知覺到的社會道德規範？為了回答此問答，研究者以社會規範為依變項，以地區、宗教及性別為因變項，進行類似**表四**的迴歸分析。結果顯示：地區、宗教對受試者知覺社會規範沒有顯著影響。**表五**的最後三行列出了三個地區的受試者在社會規範上的知覺分數。由該表可看出，與男性相比，女性覺得華人社會的道德規範比較差（女性平均數＝3.70，男性平均數＝356）。

討　論

　　本研究最主要的目的是從行為科學的角度來探討大陸、香港與台灣三個華人社會的學生在商業道德觀上的異同。研究的結果顯示三個地區的學生在六個商業道德的構面上，其平均數都達到.05以上的顯著水準。在這六個構面上，以「政治詐術」及「隱藏上司／同事違規」兩構面，地區的差異比較小，僅能解釋1-2%的淨變異量。相對而言，三個樣本在「缺乏敬業精神」、「賄賂」、「侵佔公司資源」及「欺騙顧客」上的差異頗大，分別可以解釋9%、9%、6%及4%的淨變異量，以下筆者對這些比較重大的地區差異略加評述。

　　首先就「賄賂」行為而言，我們發現大陸學生對於賄賂行為的接受度顯著的高於台、港兩地學生。這項發現和西方多國籍公司經理的觀察不謀而合。值得注意的是本研究的樣本是取自三個華人社會著名大學的學生，他們可以說是華人社會的菁英，這些學生大都沒有工作經驗，因此他們對於賄賂行為的態度與判斷很可能反映出社會風氣對學生觀念的影響。眾所周知，大陸的政經改革，目前正面臨貪污、腐敗等惡習的嚴竣挑戰。大陸學生在賄賂行為上持比較鬆弛的態度，正突顯出大陸社會所面臨的貪污風潮的嚴重性。本研究同時發現，台港兩地的學生對於賄賂行為的接受度，並無顯著差別，這項發現與西方經理人的觀察不同，因為他們認為台灣的貪污問題比香港嚴重。本研

究的結果顯示，至少從大學生這面鏡子中，我們看不出台港兩地的差異。

　　其次就「缺乏敬業精神」來看，陸、港、台三地的大學生表現出相當巨大的差異，大陸的學生敬業精神最高，其次是台灣，最差的是香港。這項研究結果和鄭伯壎（1995）的調查結果不同，鄭氏以大陸、台灣兩地員工爲樣本，發現大陸員工的敬業精神整體來說比台灣差。鄭氏的研究嚴格上來說不是測量員工的敬業精神，因爲鄭氏的企業文化量表要求受試者描述「貴企業在實際工作中重視該項價值的程度」，因此其所測量的是知覺企業文化，而非員工個人的敬業精神。

　　其實西方組織行爲的文獻對於敬業精神（protestant work ethic）也多所研究，其中一項主要的發現是，敬業精神與年齡呈正相關（Cher-rington, 1977）。換言之，年紀愈大的人敬業精神愈高。在解釋年齡與敬業精神的關係時，一個可能的原因是，由於年輕人成長在比較富裕的環境，因此比較重視個人興趣與能力的發揮，而非傳統上那種刻苦、實幹、爲工作而工作的態度。假如我們從社會富裕的角度來看陸、港、台三地的敬業精神，結果就不謀而合。在這三個華人社會中，香港是最富裕的，其每人國民所得大約是台灣的一倍，其次是台灣，最窮的是中國大陸，而三個地區的敬業精神則正好相反，大陸最高，其次是台灣，最低的是香港。當然影響地區間人民敬業精神差異的因素很多，社會富裕程度只是其中一項，未來的研究必需要包括更多地區樣本，控制更多因素，甚至從事長期性的追蹤研究，才能獲得更清楚的結論。

　　本研究同時發現，就「欺騙顧客」而言，台灣的學生社會標準顯

著的高於香港或大陸，而香港與大陸兩樣本間，則無顯著差異。值得
注意的是，Nyaw & Ng (1994) 的研究也發現，台灣學生比香港學生更
覺得應該以誠實友善的態度來對待顧客，因此本研究的發現與Nyaw
& Ng的發現是一致的。為什麼台灣學生對「欺騙顧客」的行為覺得更
無法接受？研究者覺得，這可能和台灣社會近年來大力推動公平交易
法及消費者權益運動有關。相比之下，大陸與香港兩個華人社會對於
保護消費者利益的活動，顯得落寞許多。

　　本研究也發現，在「侵佔公司資源」方面，三地的學生的態度迥
異。大陸學生覺得這樣的行為最無法接受，其次是台灣，最低的是香
港，三者間的差異均達顯著水平。為什麼大陸學生會覺得「侵佔公司
資源」的行為最無法接受呢？研究者認為這可能和陸、港、台三地的
公司所有制不同有關。目前大陸的企業以國有及集體企業為主，企業
主管利用職權以不正當的手段竊取公司資產圖利，是一項嚴重的社會
問題，大陸社會對這一類公物私用的不道德行為特別敏感。反觀香港，
大街小巷充斥著小規模和以服務業為主的私人企業，在這類公司服務
的員工，公與私的界限常常難以劃分。因此香港學生對於「侵佔公司
資源」的行為，覺得比較模糊。而台灣的情況，則介乎在兩者之間。

　　除了上述差外，陸、港、台的大學生在商業道德上也有共同之處。
圖一把三個樣本在商業道德觀六構面上的平均數由低至高排列。由該
圖中我們除了可以看出三組樣本在各構面上的得分差異外，也可以看
出一個共同的趨勢：三組樣本在「政治詐術」上的道德標準最高，在
「賄賂」上的道德標準最低，而「欺騙顧客」則介於兩者之間。研究

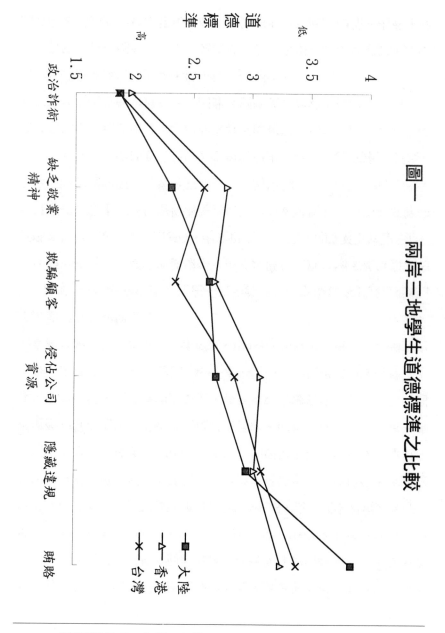

圖一　兩岸三地學生道德標準之比較

者之所以把這三個構面挑出來分析，因為這三種不道德的行為所涉及的對象與行為者有三種不同的關係。在行使「政治詐術」中，受害者是行為者的同事（即熟人）；在「欺騙顧客」中，受害者是行為者的競爭者（即敵人）。由華人社會的倫理秩序來看，我們應當對親人最好，其次是熟人，再來是不很熟的人，最後才是陌生人，至於仇人或敵人那就不用提了（楊國樞，1993）。如果我們把以上這套倫理秩序運用在不道德的行為上，結果剛好相反。換言之，同樣一件不道德行為，若運用在愈親近，愈熟識的人身上，該行為就會被看成愈惡劣，而受到社會的譴責就愈嚴厲。由此看來，「差序格局」不只可以用來解釋華人的資源分配行為（李美枝、許正聖，1995），甚至可以用來解釋華人對不道德行為的態度。

　　本研究發現，女性比男性在「政治詐術」、「欺騙顧客」及「賄賂」三構面上持有比較高的道德標準。由於地區與性別之間，並無顯著的互動效果（interaction effect），因此以上的發現是同時適用於陸、港、台三地的大學生。為什麼性別差異只發生在此三構面，而不在其餘的三構面？這個問題有待後續研究進一步的探討。

　　本研究發現信仰基督教與天主教的學生，對於「政治詐術」行為，比其它學生更無法接受。由於此項發現僅在單一構面，而且本研究樣本在宗教上的分配太過懸殊，因此我們應該對此結果持保留的態度，希望後續研究能對此問題，做更深入的探討。

　　有關社會道德規範，本研究的結果與西方研究的結果類似，即受試者所知覺到的社會規範和其商業道德標準有正向的關係。由於在迴

歸方程式中，地區與社會規範的交互作用不顯著，因此社會規範與商業道德間的正向關係普遍存在於陸、港、台三個樣本。雖然如此，我們不可輕易的總結，社會規範會影響個人的商業道德。原因是在本研究中社會規範問卷是由受試者填答，研究者無法判定兩者之間的因果關係究竟是：社會規範影響商業道德，或是受試者的商業道德影響其對社會規範的知覺，或是兩者間並不存在任何直接的因果關係。未來的研究應該採用長期性研究法（longitudinal research design）來澄清其間的關係。

任何一項實證研究都有其限制條件，本研究也無法例外。本研究的最大限制有下列數項：

1.本研究的商業道德量表是根據西方商業道德研究中常用的不道德行為而編製的，這樣的問卷建構，其優點是有利於跨文化的比較，然而卻可能疏漏了中國社會所特有的不道德行為或現象。未來的研究應該考慮以本量表為基礎，增加一些能反映本土社會不道德行為的題目。

2.本研究採用學生樣本，因為樣本的特殊性，研究結論未必能反映陸、港、台三地華人社會商業道德之實況。尤其是大陸幅員廣大，各省之間的差異甚至可能超過廣東與香港之間差異。因此與其說本研究是探討陸、港、台之間的差異，倒不如說是廣東、香港與台灣的差異。

3.在解釋陸、港、台三地的商業道德時，由於缺乏有系統性的理論來指導，因此對於結果的解釋，常常是出於事後，而且流於鬆散。如前所述，這項問題是國外商業道德研究的通病，除非我們能在理論建

構上有所突破，這方面的困難不容易解決。

結　論

　　本研究發現華人的商業道德觀至少含有六個不同的構面，而陸、港、台三地的大學生在六個構面上的得分互有高低。因此我們不能用刻板印象的方式來總結：某一華人社會商業道德比另一華人社會為高。這樣的結論不但會增加彼此的誤解，而且是不合乎科學的。陸、港、台三個華人社會在經過四十多年的分隔後，各自發展出其獨特的政治、社會、經濟結構。因為商業道德觀是社會文化的產物，因此三地在商業道德觀上的差異是可以預期的，也是可以理解的。本研究的目的就是希望透過科學分析來客觀的描述這些差異，以增進華人社會間彼此的了解。

　　本研究另外一項重要的發現是，除了「政治詐術」之外，陸、港、台三地的菁英對於不道德商業行為都具有很高的不確定性或接受度（見表六）。這種情況以「賄賂」、「隱藏上司／同事違規」最為明顯，即使在「欺騙顧客」上也有一半以上的大學生抱著「不確定」或「可以接受」的態度。商業道德問題就其本質而言，對商業行為的是非判斷，大學生所表現出來的道德標準在一定的程度上反映出社會風氣的整體趨勢。由此觀點來看，三地的華人社會在重商主義的風潮下，表現出了強烈的「重利輕義」的傾向。這種現象是相當令人憂心的。因

爲就道德的整體發展言，商業道德中的許多規範與標準是一個現代化社會的各個組成份子，彼此間得以互相信賴的基礎。沒有這種人際上的基本信任（trust），大家彼此猜忌，互相提防，社會的發展會受到嚴重的阻礙（Fukuyama, 1995）。其次就「在商言商」而論，合乎商業道德的經營理念與方式才是一個企業永續經營、長期發展的根本。不遵守這些遊戲規則，而一昧的不擇手段的追求短期利益，這樣的經營手法，從長期來看，是不會成功的。

　　總而言之，今日大學生商業道德的模糊與混淆，突顯出今日商學教育不足。就筆者的瞭解，大部份商學教育的課程都是從如何直接或間接的幫助企業賺錢爲出發點，而在「企業與社會的關係」、「商業道德」等方面的課程，非常缺乏。這是企管教育的一個盲點，也是未來應該努力的方向。其次從企業經營的角度來看，企業家不能夠假定今日的大學畢業生對商業道德已發展出一套成熟而健全的看法。因此在商業道德的日常實踐中，企業家對於合乎商德企業文化的提倡與塑造，尤其是新員工的培訓與教育，更是一件刻不容緩的事。

參考文獻

李美枝、許正聖（1995）：〈從台灣大學生內團體偏私基礎之解釋看社群意識發展的可能性〉。《本土心理學研究》，4期，150-182。

楊國樞（1993）：〈中國人的社會取向：社會互動的觀點〉。見楊國樞、

余安邦（主編）：《中國人的心理與行為——理念及方法篇（一九九二）》。台北：桂冠圖書公司。

鄭伯壎（1995）：〈台灣與大陸企業文化之比較實證研究〉。論文發表於台灣與大陸的企業文化及人力資源管理研討會，台北。

Beauchamp T. L., & Bowie N. E. (1997). Ethical theory and business practice. In T. L. Beauchamp & N. E. Bowie (Eds.), *Ethical theory and business*, 1-49. 5th ed., Upper Saddle River, NJ: Prentice Hall.

Cherrington D. (1977). The values of younger workers. *Business Horizons, 20*, 18-20.

Cohen J., & Cohen P. (1983). *Applied multiple regression/correleation analysis for the behavioal sciences.* IEA.

Ferrell O. C., & Weaver K. M. (1978). Ethical beliefs of marketing managers. *Journal of Marketing* (July), 69-73.

Ford R. C., & Richardson Woodrow D. (1994). Ethical decision making: A review of the empirical literature. *Journal of Business Ethics, 13*, 205-221.

Fritzsche D. J., & Becker H. (1984). Linking management behavior in ethical philosophy: An investigation. *Academy of Management Journal, 27*, 166-175.

Fukuyama F. (1995). *Trust: The social virtues and the creation of prosperity.* Penguin Group.

Honeycutt E. D., Siguaw J. A., & Hunt T. G. (1995). Business ethics and job-related constructs: A cross-cultural comparison of automative salespeople. *Journal of Business Ethics, 14,* 235-248.

Izraeli D. (1988). Ethical beliefs and behavior among managers: A cross-cultural perspective. *Journal of Business Ethics, 7,* 263-271.

Krugman D. M., & Ferrell O. C. (1981). The organizational ethics of advertising: Corporate and agency views. *Journal of Advertising, 10*(1), 21-30.

Leung, K., & bond M. H. (1989). On the empirical identification of dimensions for cross-cultural comparisons. *Journal of Cross-Cultural Psychology, 20,* 133-151.

Lewis, P. V. (1985). Defining business ethics: Like nailing jello to a wall. *Journal of Business Ehtics, 4,* 377-383.

McDonald G. M., & Zepp R. A. (1988). Ettical perceptions of Hong Kong Chinese business managers. *Journal of Business Ethics,7,* 835-845.

McNichols, C. W., & Zimmerer T. W. (1985). Situational ethics: An empirical study of defferentiators of student attitudes. *Journal of Business Ethics, 11,* 11-19.

Newstorm J. W., & Ruch W. A. (1975). The ethics of management and the management of ethics. *MSU Business Topics* (Winter), 29-37.

Nyaw M. K., & Ng I. (1994). A comparative analysis of ethical beliefs: A four country study. *Journal of Business Ethics, 13,* 543-555.

Preble J. F., & Reichel A. (1988). Attitudes towards business ethics of fututres managers in the U.S. and Israel. *Journal of Business Ethics*, 7, 941-949.

Randall D. M., & Gibson A. M. (1990). Methodology in business ethics reasearch: A review and critical asessment. *Journal of Business Ethics*, 9, 457-471.

The Economist (1995). Business ethics: Hard graft in Asia, May 27th issue, 61.

Williams, J. E., & Best, D. L. (1990). *Sex and psyche: Gender and self viewed cross-culturally*. Newbury Park, CA: Sage Publications.

台灣興業家之企業倫理觀*

葉匡時

中山大學企業管理學系

徐翠芬

中山大學企業管理研究所

---

* 本論文初稿發表於華人企業組織及管理研討會，1996年12月，台北。修正稿發表於《公共政策學報》，18期，1997年9月。本研究曾獲國科會(NSC 83-0301-H-110-031)之補助，謹此致謝。

〈摘要〉

　　本研究根據坊間二十二本有關台灣第一代興業家的傳記或報導，分析了三十一位興業家的企業倫理觀。本研究採取類似內容分析法的方法，分析這些興業家的言談行為，藉以瞭解興業家對於企業的七個主要利益相關者（stakeholders）——員工、股東、顧客、關係廠商、社區、社會大眾以及政府的觀點以及重視的程度。

　　在員工關係上，我們發現員工發展、福利措施與員工共享利潤是興業家比較常談論或比較重視的項目。或許第一代興業家因為同時身兼企業之所有者與經營者，因此，興業家很少論及企業與股東的關係。由此，我們可以發現，第一代興業家似乎並無股東至上論（stockholder theory）的觀念。

　　在顧客關係方面，興業家強調產品生產與服務，比較少論及產品設計以及價格訂定。在關係廠商方面，尊重供應商的努力與成本、願意為同業效力是比較受到重視的項目。興業家對於企業與社區的關係則較少論及。至於社會大眾的關係，興業家比較強調贊助教育、文化、藝術等公益活動，他們也相當強調社會救助與其他捐贈工作。在政府關係上，他們比較重視的則是遵守國家法令。

　　比較提及各利益相關者的人數與頻次，興業家最常論及員工，其次社會大眾，第三則是顧客；第四至第七的次序分別是關係廠商、政府、股東以及社區。

　　本研究以興業家的言談為分析內容，並以此推斷興業家所重視的企業

關係。雖然言論與實際行為未必吻合，這個研究至少可以相當程度地反映出第一代興業家的價值觀。

一、序論

近年來，坊間出現許多興業家或企業集團的傳記，學術界也開始注重相關的研究（如：蕭新煌，1993；謝國興，1994）。另一方面，有關企業倫理的研究也已經逐漸受到重視（如：余坤東與徐木蘭，1993；葉匡時，1994）。但是，針對興業家的企業倫理觀的研究似乎並不多見。眾所週知，倫理是維持社會秩序的重要機制；而企業倫理則是維持企業交易秩序的重要機制。一個有良好穩定企業倫理的企業社會，是一個交易成本比較低、效率比較高的企業社會。因此，企業社會的倫理觀對該社會的企業成長有決定性的影響力。企業領袖是企業社會的成功者，通常也最能反映該企業社會的倫理觀，所以，藉著研究企業領袖的企業倫理觀，最能夠幫助我們理解該企業社會的企業倫理觀。余英時（1987）曾討論到明清商人的企業倫理觀，黃光國（1992）則對當代台灣商人的企業倫理觀有頗多的批判，這兩本著作對於我們理解台灣商人的企業倫理觀，有很大的助益。然而有系統地以當代企業社會進行實證研究的論文尚不多見。本研究希望以實證的方法，瞭解特定的企業家，即台灣第一代興業家的企業倫理觀。

由於企業交易是企業的主要活動，因此，從交易關係的角度理解企業倫理是一個合理的分析方法。西方文獻中的企業利益關係者理論提供一個完整的企業交易分析架構，本研究因此根據這個架構，討論

企業家對企業利益相關者的看法與優先次序。嚴格來說，「台灣第一代
興業家對於企業利益關係者的看法」應該能更爲精確地表達本研究的
主題。

　　本文共分四節，第二節說明本研究所採用的方法，第三節結果分
析，第四節結論。

二、研究方法

㈠分析架構

　　要研究興業家的企業倫理觀，必須先界定什麼是企業倫理。既有
的討論常將企業倫理與企業責任混爲一談。事實上，企業責任只是企
業倫理的一環，企業倫理所涵蓋的範圍遠遠超過企業責任。葉匡時
（1996）定義企業倫理爲：「在企業體系內（一個以組織爲基本構成
的社會）的道德規範系統。此一道德規範系統能在與企業相關的事項
上，賦予個人或企業在動機或行爲上的是非善惡標準。」本此定義，
舉凡企業之統御結構（governance structure）、勞資關係、市場策略、
財務運作等等均可以是企業倫理研究的範圍。然而，我們若是用這麼
廣義的定義來研究興業家的企業倫理觀，將會發生分析範圍的困難。
本論文將僅從企業交易的角度分析興業家對其利益關係者看法。

　　在既有企業倫理的討論中，最常引起的爭論就是股東至上論

（stockholder theory）與利益關係者理論（stakeholder theory）。股東至上論者認為，企業最重要的責任是替股東謀最大的利潤。因此，企業在遵守法令秩序的限制下，謀取股東的最大利益，就是一個最符合企業倫理的行為。此派理論以傅利曼（M. Friedman, 1970）為代表。嚴格來說，無論從法律或道德的層面來看，傅利曼的說法都站得住腳，我們很難從法理上批判他的看法。然而什麼是遵守法令秩序呢？我們應在什麼樣的時空，追求股東的最大利益呢？一個企業決策者若是只考慮股東的最大利益而忽略了其他的利益，是否可能適得其反？利益關係者理論就是在這樣的背景下產生。

利益相關理論認為，就算在追求股東最大利益的理念下，許多企業倫理問題並不是單純的是非問題，而是價值的選擇。這種價值的選擇與當時社會的財產權觀念有密不可分的關係（Blair, 1995；葉匡時，1996）。工業革命初期，英國勞工的悲慘情境已經不存在於今天的工業國家，主要的原因是現代工業社會認定工人有一定的基本權利。因此，在工業革命初期以「不人道」的方式對待工人，未必是不合乎企業倫理的行為；但是，在現代社會就是極不合企業倫理的行為。

另外從企業效率的角度來看，利益相關理論所提出的決策思考觀點，有助於企業經營。因為，任何的企業決策都可能對其利益相關者造成嚴重的影響，而企業股東的利益也會因而受到其他利益相關者的利益影響。因此，企業決策者在決策時，應該盡量全方位的考慮各方面的影響。此外，由於人是社會的動物，人們所有的決策多少都會考慮到他與周遭社會的相處問題。企業家在做企業決策時，通常也不會

只考慮股東，還有社會其他人士的立場與觀點要考慮。本論文基於這樣的理念，採取利益相關者理論分析興業家的企業倫理觀。

如**圖一**，我們根據 Donaldson and Preston(1995) 將企業的主要利益相關者分為七大類，分別是：顧客、員工、股東、關係廠商、政府、社區以及社會大眾。後面第三節我們將分析興業家認為這七大利益相關者究竟有那些內涵，以及這七大類的重要性或優先次序為何。

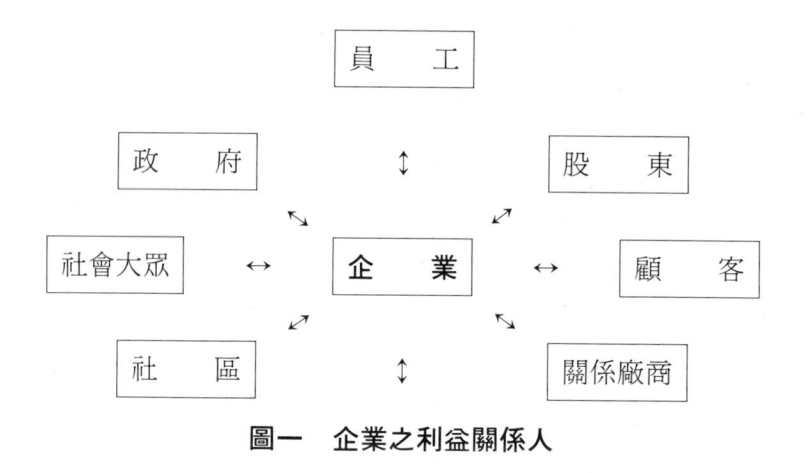

圖一　企業之利益關係人

(二)研究對象

在研究對象的選取，我們用三個標準：1.《天下》雜誌調查 (1994)「對台灣四十年來經濟發展最有貢獻的企業家」；2.《天下》雜誌調查 (1994)「最令人欽佩的企業家」；3.坊間有相關傳記著作者。根據這樣的標準，本研究共選取三十一名，其姓名與基本資料，請參見**表一**。

表一　研究選取之興業家與其背景資料

興業家姓名	出生年度	學　歷	小時家境	創業時年紀
何　傳	民前14	*	清苦	15
徐有庠	民前 1	高中肄業	*	26
王惕吾	民國 2	陸軍官校	富裕	38
吳修齊	民國 2	小學	清苦	22
吳舜文	民國 2	碩士	富裕	*
張敏鈺	民國 2	初中	*	*
陳茂榜	民國 3	小學	清苦	24
殷之浩	民國 3	大學	*	*
李克峻	民國 4	職校	*	21
許金德	民國 4	師範	*	*
孫法民	民國 4	大學	*	*
吳尊賢	民國 5	初中	清苦	19
蔡萬春	民國 5	小學	清苦	22
王永慶	民國 6	小學	清苦	16
辜振甫	民國 6	大學	富裕	*
趙常恕	民國 6	專科	*	27
偕林波士	民國 6	大學	*	*
陶子厚	民國 7	小學	*	*
林挺生	民國 7	大學	*	*
吳火獅	民國 8	小學	清苦	27
趙廷箴	民國10	大學	*	*
蔡萬霖	民國13	*	清苦	*

表一（續）

興業家姓名	出生年度	學　歷	小時家境	創業時年紀
張國安	民國15	工專	清苦	29
張榮發	民國16	高商	清苦	36
徐風和	民國16	大學	*	*
許文龍	民國17	高工	清苦	*
洪老典	民國17	初中	清苦	20
高清愿	民國18	小學	清苦	21
莊國欽	民國24	博士	*	*
施振榮	民國33	碩士	清苦	33
張登望	民國34	*	清苦	22
*表不詳				

　　31位興業家，在84年有20位進入台灣百大富豪排行中（《卓越》雜誌，民84）。其中，排名前六名的富豪均在本研究之列；這六位中有四位家境原本清寒，白手起家而成就一番事業。在這二十名百大富豪中，有10名小時家境清苦，2名家境相當富裕。在所收集的資料中，我們無從判斷其餘8名的幼年家境如何，但依資料判斷，徐有庠家境應屬小康；林挺生、殷之浩、莊國欽、徐風和家境應該不錯。**表二**列出在研究的三十一名對象中，列名84年度台灣百大富豪的二十名。

㈢分析方法與限制

　　本研究所採用的分析方法類似新聞學的「內容分析法」，我們首先

表二　研究對象在84年度台灣百大富豪之排名

興業家姓名	小時家境	84年度台灣百大富豪排名
蔡萬霖	清苦	1
吳火獅	清苦	2(吳東進)
王永慶	清苦	3
辜振甫	富裕	4
徐有庠	＊	5
張榮發	清苦	6
何　傳	清苦	12(何壽山)
林挺生	＊	15
吳舜文	富裕	21
張國安	清苦	25
吳修齊	清苦	29
殷之浩	＊	38(殷　琪)
許文龍	清苦	46
莊國欽	＊	58
張敏鈺	＊	63
施振榮	清苦	79
陳茂榜	清苦	83(陳盛沺)
徐風和	＊	87(徐正冠)
孫法民	＊	94(孫道存)
許金德	＊	95(許淑貞)

詳細閱讀所收集到的興業家傳記，然後根據前述分析架構，將傳記內所記載的興業家言行分類整理，並統計其人數與頻次。我們同時假定，興業家對某一利益關係者談論的頻次高低，可以反映興業家對該利益關係者的重視程度。截至1995年年底，我們總共收集了二十二本台灣興業家的相關傳記，書名請參見**表三**。在本研究完成之後，坊間有陸續出現好幾本與第一代興業家有關的傳記，它們的參考價值都很高，我們將在後續研究中再列入。

基本上，這些被選的人都有一定代表性；但是，由於傳記的選擇問題，我們必須承認該研究有相當的偏誤。在這些傳記中，有些是特定人的傳記，因此，該興業家可以得到比較多的討論；有些人的記錄則明顯不足，我們因而很難對他們做詳細的分析。此外，在這些傳記中，有些是興業家的授權傳記，如《吳舜文傳》、《報人王惕吾》，也有一些則是作者自行撰寫，未必得到被寫興業家的支持。因此，只依賴這些傳記分析興業家的企業倫理觀，有可能反映出傳記作者的倫理觀，而非興業家的倫理觀。此外，在我國，無論是自傳或是他人所寫的傳記，通常都有「隱惡揚善」的習慣。因此，全憑這些傳記能否反映興業家真正的倫理觀，值得商榷。

在方法上，除了前述的問題外，我們在研讀傳記之後的分類，是否足夠客觀也頗可質疑。在嚴謹的方法上，我們應該至少有兩組專家對於傳記中摘錄的文句進行討論與分類整理。受限於研究時間與資源，我們並沒有做到這一點。然而，我們相信目前的分析仍然可以多少地反映出一些興業家的企業倫理觀。我們認為研究的問題與內容應

表三　本研究採用之興業家傳記

出版年度	書　名	作　者
1995	王永慶奮鬥史	郭泰
1995	巨人不沈默：看大企業如何變局中再出發	天下編輯
1995	歷練——張國安自傳	張國安
1994	王永慶的管理鐵鎚——突破經營瓶頸的最佳利器	郭泰
1994	報人王惕吾——聯合報的故事	王麗美
1994	馳騁商場的企業名人傳奇	古美蓮
1994	走過八十歲月——徐有庠回憶錄	徐有庠、王麗美
1994	高成長的魅力：宏碁創業、成長、跨國化三部曲	王百祿
1994	辜振甫傳；辜振甫的戲夢人生	張子佳等
1994	台南幫一世紀	李慶恭
1994	我走過的路-名人開講選集(之三)	曾繁蓉
1994	商業鉅子的傳奇史	李子珩
1993	阿油觀點——全心看世界全心愛企業	陳盛油
1993	吳舜文傳	溫曼英
1993	當代企業家成功的故事	廖慶洲
1992	半世紀的奮鬥——吳火獅先生口述傳記	黃進興
1992	吳修齊先生訪問紀錄	謝國興
1989	攀登高峰——創業青年楷模的奮鬥歷程	青輔會、青創會
1985	中華民國先驅企業(上冊)	中華徵信所
1986	中華民國先驅企業(下冊)	中華徵信所
1982	台灣大企業家奮鬥史(上冊)	新境出版公司
1982	台灣大企業家奮鬥史(下冊)	新境出版公司

該比研究方法的嚴謹與否更為重要。當研究觸及一個重要的問題，即使方法大有問題，仍然可以引起學者的討論，並對學術文獻有所貢獻；但不論研究方法多麼嚴謹，研究的主題若是不重要，則不可能對學術研究文獻有任何的貢獻。本研究的方法或許不夠周延，但我們相信這個研究主題確實十分重要；希望這篇論文能夠引起學者進行更多的後續研究。

其次，我們要強調本研究因為採取利益關係者的分析架構；因此，嚴格來說，本研究其實是第一代興業家對企業利益關係者的看法。至於興業家個人立身處事的道德倫理觀，徐翠芬（1996）的碩士論文中，對此略有討論，此處不論。另外，余英時（1987）對於明清商人的倫理觀，也有很深入的探討，余先生的研究方法與觀點也很具參考價值。

三、分析結果

在這一節中，我們就七大利益關係者，依序討論興業家所重視的程度，並適時摘錄某些興業家的相關言行以為佐證。

㈠員工

此處我們根據黃英忠（1993）的人力資源管理系統，將興業家的言行分為人力的確保、開發、報償以及維持四大項。

　　在人力確保方面，我們發現公平錄用、尊重員工是比較常被提到的觀點。例如，永豐餘集團的何傳曾經下令：「無論『王公貴胄』，一律不得靠特權進入公司服務，有本事儘可依考試任用的制度而來。」（廖慶洲，1993，p.83）張國安在《歷練》一書中說：「凡是三陽的工作人員，包括總經理在內，一律稱為從業員。……在三陽三十多年，我一直以平等的心情來對待從業員，也經常把我的信念告訴全體從業員：大家都在公司裡貢獻智慧力量，大家的地位是平等的。」(p.171)

　　在人力的開發方面，重視員工發展、公平的人事考核以及合理的升遷管道則是比較常論及的觀點。如，徐有庠：「培養人才也是公司經營的一項主要目的；即使自己訓練出來人離開了，為別的企業所用，我也不覺得遺憾，只要能對社會有所貢獻，在不在自己的公司裡服務都沒關係。」（徐有庠、王麗美，1994，p.349）

　　在人力的報償上，興業家所提到的觀點包括合理的上班工時、舒適的工作環境、工作保障、按時發放薪資、與員工共享利潤、合理的報償、重視福利。如「吳火獅在接手烏日紗廠時，工廠破爛得不像樣了，吳火獅便建了新宿舍給女工住（這是本省人第一次有四人住的大宿舍）。」（黃進興，1992，p.145）

　　在人力的維持上，興業家比較常提的有親近員工、以德服人、信任員工以及關愛員工。如，林挺生：「視員工為子弟兵，下達命令從不疾言厲色，也很少當場令人難堪。」（廖慶洲，1993，p.113）

　　表四總合我們分析的結果，我們發現興業家在有關人力資源管理方面最注意的是人力的報償，其次是人力的開發；至於人力的確保與

表四　對員工之倫理觀研究結果統計

人事管理系統	企業倫理要項	提及此一要項的興業家人次	左列人數佔本主題統計結果百分比
人力的確保	1.公平錄用	4	5.80%
	2.尊重員工	5	7.25%
	小計	9	13.05%
人力的開發	1.重視員工發展	12	17.39%
	2.公平的人事考核	3	4.35%
	3.合理的升遷管道	3	4.35%
	小計	18	26.09%
人力的報償	1.合理的上班工時	3	4.35%
	2.舒適的工作環境	3	4.35%
	3.工作保障	3	4.35%
	4.按時發放薪資	2	2.90%
	5.與員工共享利潤	6	8.69%
	6.合理的報償	5	7.25%
	7.福利措施	8	11.59%
	小計	30	43.48%
人力的維持	1.親近員工	2	2.90%
	2.以德服人	4	5.80%
	3.信任員工	2	2.90%
	4.關愛員工	4	5.80%
	小計	12	17.40%
合	計	69	100%

（一個興業家對同一企業倫理要項提到兩次以上，仍以一次計）

維持，則比較少提到。

　　大體來說，興業家對於一般人力資源管理理論所強調重視的觀點，都也相當的重視。然而，我們也發現，在人力的報償方面，興業家的觀點大多維持在基本的生理需求方面，這或許與第一代興業家以及台灣經濟成長的背景有關。人性的尊嚴、自我實現等高層次人性需求似乎尚未進入興業家的倫理觀之中。另外，我們也可以發現，興業家在人力維持上，非常強調「人」的因素，而幾乎完全沒有論及法律制度問題。楊國樞（1996）認為我國企業的組織管理有「泛家族主義」的現象，企業負責人將員工視為自己家族的一份子，經營企業則有如經營維持一個家族。這個觀點與此處的分析吻合。

　　另一個有趣的現象則是興業家非常強調他們都是「用人唯才」，不會對特定私人有所偏愛。但是，根據葉匡時與操禮芹（1996），以中華徵信所於1972年公佈的前二十五大企業判斷，到了1992年時，除了華夏海灣的趙廷箴將公司出售，高興昌仍由創業兄弟經營之外，其餘的二十三家都已傳子或正在進行傳子之中。這是不是一個矛盾呢？或許在第一代興業家的觀念中，所謂「用人唯才」指得是「員工」，而不是「老闆」或「企業所有者」。就此而言，在他們的內心深處，他們與員工顯然並不屬於同一個階級地位。也就是說，雖然員工可能被視為「泛家族」的一份子，畢竟，不是「直系血親」。

㈡股東

根據股東至上論，公司決策應該以盡量增進股東的利益為考慮。但是，

我們的文獻分析顯示，興業家似乎並不很注意股東的利益。在三十一位興業家的言行中，僅有八位曾經論及股東利益，人數居所有利益相關者之末。這有兩個可能的解釋。

第一，興業家幾乎都是同時身兼最大股東與公司的主要經營決策者，因此，假定他們口口聲聲強調他們是股東至上的服膺者，這表示他們是自私地為自己的利益努力。很顯然，即使他們心理如此認為，他們也不可能如此對外表示。第二，興業家的確在價值觀上真誠地認為企業家應該「置個人利益於度外」，把其他企業利益關係者的利益列為優先考慮。

就現有的文獻中，我們無從了解第一代興業家是否以股東的利益為第一優先考慮，只能說股東似乎不是第一代興業家所常常念茲在茲的經營議題。因此，至少在表面上，我們尚未見到勇於挺身為股東至上論辯護的興業家。

(三)顧客

一項產品到達顧客的手中，必須經過研發設計、生產、銷售、售後服務四個主要的階段。興業家的顧客觀，也可以就這四個階段加以理解。

在研發設計上，我們發現興業家都十分強調「以消費者為導向的產品設計」，如張國安曾說：「製造產品要以顧客的需求為導向，才能使顧客滿意，自以為是優良設計的產品，如果無法適應顧客的需求，就不是良好的商品」（張國安，p.73）。徐有庠在遠東百貨一成立時，就

立下經營宗旨為：「以消費者的心願而經營」（申子佳等，p.255）。就這點而言，第一代興業家的觀點與現代經營的全面品管觀點類似，都具有強烈消費者導向的想法，這應該是他們企業能成功的一個重要因素。

在產品生產上，興業家比較強調「產品品質」，如陳茂榜曾說：「優良的品質就是產品最好的推銷員」（新境出版社，p.367）。洪老典說：「我們一向認為品質就是產品的生命，唯有不斷的加強品質，產品的壽命才會延長，……」（新境出版社，p.707）。

在銷售方面，合理的售價與公平對待顧客是興業家比較常提到的觀點。例如王永慶多次在公開演講中強調，經營企業必須牢記「物美價廉」（郭泰，p.39）。又譬如林挺生表示，大同公司一貫的經營原則是「創造利潤、分享顧客」（新境，p.174）。張國安在南陽鎮訂定的銷售政策是「絕對的不二價」，以公平對待顧客（張國安，p.147）。

在售後服務方面，興業家很清楚「良好的服務精神與態度」是爭取顧客的重要原則，而對顧客尤其要特別注重信用。施振榮認為：「對顧客的關心，不是沒有原則，敷衍客戶或過分承諾，而是高品質的服務，維持對客戶『說到做到』的傳統。」（王百祿，p.103）林挺生亦認為：「對顧客，應有適當而週到的服務，最重要的是不能失信失約，……」（新境，p.209）。

綜合言之，我們可以確定第一代興業家十分重視顧客，在討論的人數與頻次上，顧客僅次於員工與社會大眾。而在內容上，興業家比較重視產品的品質與對顧客的服務。**表五**列出他們的主要觀點：

表五 對顧客之倫理觀研究結果統計

行銷活動	企業倫理要項	提及左列要項的興業家人數	左列人數佔本主題統計結果百分比
產品設計	以消費者為導向的產品設計	6	22.22%
產品生產	注重產品品質	9	33.33%
價格訂定	1.合理的售價 2.公平對待顧客	3 2	11.11% 7.41%
服務	良好的服務精神與態度	7	25.93%
合　　　　　　　　　計		27	100.00%

（一個興業家對同一企業倫理要項提到兩次以上，仍以一次計）

㈣關係廠商

　　台灣企業生產體系的嚴密完整，是創造台灣經濟奇蹟的重要功臣（陳介玄，1994）。興業家如何看待以及維持與關係廠商的關係是了解台灣企業社會的重要關鍵。此處，我們將關係廠商分為供應商、下游廠商、以及同業三類。

　　在對供應商方面，協助供應商建立經營制度、按約支付價款、尊重供應商的成本這三項經營理念，是興業家在維持廠商關係時的主要理念。如張國安：「輔導衛星工廠，要從改進老闆的觀念著手，我因此經常舉辦衛星工廠負責人座談會。」（張國安，p.78）王惕吾想要自己造印報機，曾經與一家民營工廠——宜昌機器製造廠洽商，願意負

擔一切開發風險（王麗美，p.86）。

在與下游廠商的相處上，興業家認為輔導下游廠商以及穩定供貨是主要的倫理規範。如，王永慶的台塑總管理處常常以講習方式，教導下游廠商相關的管理制度；許文龍的奇美公司採取「保證不斷料」、「補價制度」來爭取客戶（古美連，p.154）。

同業之間存在著既競爭又合作的微妙關係。由於興業家經營的行業在創業之始，常常是一個新興行業，因此，同業之間的支援合作以達到「水漲船高」的效果，是很自然的事情。在我們所研究的對象中，有五人提到願意為同業效勞；另外，有一人（吳尊賢）則曾經表示，

表六　對關係廠商之倫理觀研究結果統計

對象	企業倫理要項	提及左列要項的興業家人數	左列人數佔本主題統計結果百分比
供應商	1.協助供應商	1	7.14%
	2.按約支付價款	1	7.14%
	3.尊重供應商的努力和成本	3	21.43%
下游廠商	1.輔導下游廠商	2	14.29%
	2.穩定的供應	1	7.14%
同業	1.為同業效力	5	35.71%
	2.公平對待同業	1	7.14%
合　　　　　　　　　　　計		14	100.00%

（一個興業家對同一企業倫理要項提到兩次以上，仍以一次計）

同業之間彼此不應挖角。在眾多的言行中，「為同業效力」是最常被提及的論點；這或許與我們所研究的興業家都已居該產業的龍頭地位有關。

㈤社區

中國傳統只有鄉親家族的觀念，並沒有基於公民社會觀念下的社區觀念。因此，有關社區的關係維持，在興業家的言行中並不多見。我們總共發現五位興業家論及社區關係；他們的觀點又可分為保護當地環境（*有兩人，吳舜文、徐有庠論及*）與回饋社區（*三人，徐有庠、吳火獅、王永慶論及*）兩部份。

企業與社區維持共生共榮的關係，是近年來現代企業經營的重要理念（Kanter, 1995）。絕大部分第一代興業家都可以說是「上一代」的人物，因此，他們比較缺乏社區的觀點，正好反映出我國傳統社會的民情，不足為奇。近年來，社區意識的覺醒以及企業公民觀念的興起，使得企業必須面對社區問題，相信未來的企業家將對此有更多的著墨。

㈥社會大眾

傳統中國的商人十分注重所謂的「賈道」，對他們的「名」、「德」看得很重（余英時，1987），因此，傳統中國商人對一般社會大眾「樂善好施」，也是很自然的事。此外，就公共關係的觀點來看，企業針對

一般社會大眾所從事的公益活動,通常比較能得到大眾媒體的報導,也比較可能獲取比較好的企業形象。對興業家而言,其個人形象良莠也常常受到公益形象的影響。因此,許多企業或企業家樂於從事公益活動,這可從許多工商知名人士樂於擔任慈濟功德會的董事或榮譽董事可以得到證明。

有關社會大眾的企業倫理觀,主要可以分為兩大項:贊助藝文活動(18人提及),以及一般社會救助(10人),如發放獎學金、參與賑災之類的活動。我們可以發現,幾乎每一位成功企業家的傳記或報導都記載著他們急公好義的事蹟。在傳記中,相關報導出現的頻次,則僅次於員工,是第二位常被提到的利益關係者。究竟興業家真的急公好義,還是公眾人物的形象塑造,有待進一步研究。

㈦政府

遵守法律是企業倫理最基本的標準與要求,就這一點而言,我們可以預期興業家會強調他們在經營企業時一定要遵守政府法令。此外,興業家也很強調他們企業的責任之一是協助政府發展經濟建設。如,徐有庠說:「我一向經營企業的原則是,要求絕對守法,維護公司正派形象,……」(徐有庠、王美麗,p.345)。何傳說:「吃頭路,就要看老闆是不是管錢。不管錢,也不會命令財務人員逃稅,自己也不會拿好處、挪用公款,這樣的老闆,才值得追隨!」(廖慶洲,p.85)

當政府有任何計劃要推動,需要企業界推動時,這些大企業家通常是不落人後。問題是,他們之所以願意協助政府推動某些計劃的動

機何在？究竟是爲了用支持政府換取商業利益呢？還是純粹基於道德使命感？恐怕誰也難以弄淸楚。

在政府這個利益關係者上，共有11人論及；其中7人強調要遵守法令，4人強調協助政府推動經建改革。也就是說，在台灣興業家的觀點中，與政府的關係主要著眼點在遵守法律，其次是協助政府推動政策。但眾所週知，知名興業家與政府的互動絕對不僅於此，他們究竟以什麼樣的心態面對政府官員？他們認爲企業在經濟發展的過程中，究竟應該扮演什麼立場？等等問題，都有待進一步了解。

四、結論與未來研究方向

總合31位興業家對相關企業利益關係者的論點，我們發現員工是興業家最常論及的利益關係者，共計24人曾經論及；其次是社會大眾，共有20人曾經論及；顧客第三，共有15人論及；依次接著爲關係廠商，11人論及；政府，10人論及；最不常被討論到的是社區，僅4人談到；而第二不被討論到的是股東，僅8人論及。假定利益關係者在興業家傳記中被談論的次數可以反映興業家對他們的重視程度，那麼，我們可以認定，台灣第一代興業家在相關利益關係者之中，最重視員工與顧客，最不重視社區與股東。

我們若是將二十二本著作中，所有論及利益關係者的觀點，就其頻次分析，則其被論及的次數順序仍然一樣。但是，員工被論及的次

數則大大的提高。**表七**分別就列出興業家對利益關係者談論的人數以及人次。

表七　利益相關者被討論的次數

利益關係者	論及人數	論及人次
員工	24	69
社會大眾	20	29
顧客	15	27
關係廠商	11	14
政府	10	11
股東	8	8
社區	4	5

　　表八則綜合各興業家對有關利益關係者討論的內涵以及被談論的頻率。我們可以從這些內涵中發現，興業家所強調的觀點都符合現代企業經營的基本理念。但是，比較缺乏的觀點則是現代企業倫理所強調的企業公民、社區以及環保的觀點。

　　在這個研究中，我們發現台灣第一代興業家對於有關的利益關係者的見解，大致都符合現代企業經營的理念，這可能是他們能夠在企業界脫穎而出的重要原因。但是，這些興業家的倫理理念似乎仍然停留在「施善」、「行義」的觀點，對於現代企業倫理所強調的企業公民、社區、環保等理念則比較不重視。這當然與興業家的時代背景有密切的關係；當台灣企業即將步入二十一世紀之際，興業家對企業倫理的

表八　興業家對各利益關係者的討論內涵與頻次

利益關係人	企業倫理要項	頻次	百分比
員　　　工	公平錄用	4	2.45
	尊重員工	5	3.07
	重視員工發展	12	7.36
	公平的人事考核	3	1.84
	合理的升遷管道	3	1.84
	合理的上班工時	3	1.84
	舒適的工作環境	3	1.84
	工作保障	3	1.84
	按時發放薪資	2	1.23
	與員工共享利潤	6	3.68
	合理的報償	5	3.07
	福利措施	8	4.91
	親近員工	2	1.23
	以德服人	4	2.45
	信任員工	2	1.23
	關愛員工	4	2.45
	小計	69	42.33
股　　　東	對股東負責	8	4.90
顧　　　客	以消費者為導向的產品設計	6	3.68
	注重產品品質	9	5.52
	合理的售價	3	1.84
	公平對待顧客	2	1.23
	良好的服務精神與態度	7	4.29
	小計	27	16.56

表八（續）

利益關係人	企業倫理要項		頻次	百分比
關 係 廠 商	協助供應商		1	0.61
	按約支付價款		1	0.61
	尊重供應商的努力和成本		3	1.84
	輔導下游廠商		2	1.23
	穩定的供應		1	0.61
	為同業效力		5	3.07
	公平對待同業		1	0.61
		小計	14	8.58
社　　　區	保護當地環境		2	1.23
	回饋社區、提供醫療服務		3	1.84
		小計	5	3.07
社 會 大 眾	保護社會環境		1	0.61
	贊助教育文化及藝術活動		18	11.04
	社會救助與捐贈		10	6.13
		小計	29	17.78
政　　　府	遵守國家法令		7	4.29
	協助政府推動經建改革		4	2.45
		小計	11	6.74
總		計	163	100.00

認知不能僅停留在傳統的行善觀念，也必須建立起企業公民的理念。

　　前面第二節曾經論及，本研究的研究方法因為受到選取傳記以及分析方法的客觀性影響，研究結論極可能有所偏誤。但是，我們相信本研究開啟一個值得努力開拓的研究方向。本研究完成之後，坊間陸續出現多本授權的興業家傳記，我們也希望能在未來的研究中能夠只

選取授權傳記作爲分析興業家倫理觀的基礎；同時，我們也希望能夠比較早期興業家與後進興業家的企業倫理觀是否有所差異，藉以理解台灣企業社會的倫理演變。

參考文獻

一、中文部份

天下編輯（1995）：《巨人不沈默──看大企業如何變局中再出發》，台北：天下雜誌。

《天下》雜誌（1994）：10月號，「企業家票選企業家──誰摘下企業桂冠」。

王百祿（1994）：《高成長的魅力：宏碁創業、成長、跨國化三部曲》，台北：時報文化。

王麗美（1994）：《報人王惕吾──聯合報的故事》，台北：天下文化。

中華徵信所（1986）：《中華民國先驅企業(下冊)》，台北：中華徵信所。

中華徵信所（1985）：《中華民國先驅企業(上冊)》，台北：中華徵信所。

古美蓮（1994）：《馳騁商場的企業名人傳奇》，台北：漢宇。

行政院主計處（1996）：3月，中華民國統計月報，行政院主計處。

行政院青年輔導委員會、中國青年創業協會(1989)：《攀登高峰——創業青年楷模的奮鬥歷程》，台北：行政院青年輔導委員會、中國青年創業協會。

李子珩（1994）：《商業鉅子的傳奇史》，中和：新衛文化。

李慶恭（1994）：《台南幫一世紀》，高雄：派色文化。

余英（1994）：《中國近世宗教倫理與商人精神》，台北：聯經。

余坤東、徐木蘭（1993）：〈企業倫理研究文獻的批評與回顧〉，《中國社會學刊》，17期：233-253。

《卓越》雜誌，(1995)：年4月號，「台灣百大富豪排行榜」。

徐有庠、王麗美，1994：《走過八十歲月——徐有庠回憶錄》，台北：聯經。

徐翠芬（1996）：〈台灣興業家之企業倫理觀〉，高雄：國立中山大學未出版碩士論文。

郭泰（1995）：《王永慶奮鬥史》，台北：遠流出版社。

郭泰（1994）：《王永慶的管理鐵鎚——突破經營瓶頸的最佳利器》，台北：遠流。

陳介玄（1994）：《協力網絡與生活結構》，台北：聯經。

陳盛沺（1993）：《阿沺觀點——全心看世界全心愛企業》，台北：月且出版。

曾繁蓉（1994）：《我走過的路——名人開講選集(之三)》，台北：月且出版。

張子佳、張覺民、鄭美倫(1994)：《辜振甫傳——辜振甫的戲夢人生》，

中和：書華出版。

張國安（1995）：《歷練——張國安自傳》，台北：天下文化。

溫曼英（1993）：《吳舜文傳》，台北：天下文化。

黃光國（1992）：《工商業社會中的倫理重建》，台北：台灣學生書局，

黃英忠（1993）：《現代人力資源管理》，台北：華泰書局。

黃進興（1992）：《半世紀的奮鬥——吳火獅先生口述傳記》，台北：
　　允晨文化。

新境出版公司（1982）：《台灣大企業家奮鬥史(上冊)》，台北：新境
　　出版公司。

新境出版公司（1982）：《台灣大企業家奮鬥史(下冊)》，台北：新境
　　出版公司。

楊國樞（1996）：〈家族化歷程、泛家族主義及組織管理〉。台灣與大
　　陸的企業文化及人力資源管理研討會，信義文化基金會主辦。

廖慶洲（1993）：《當代企業家成功的故事》，台北：經濟日報。

葉匡時（1996）：《企業倫理的理論與實踐》，台北：華泰書局。

葉匡時、操禮芹（1996）：〈家族企業接班過程之網絡分析〉，《管理科
　　學學報》，13卷2期：197-225。

謝國興（1992）：《吳修齊先生訪問紀錄》，台北：中央研究院。

謝國興（1994）：《台南幫的個案研究》，台北：中央研究院

蕭新煌（1993）：〈解讀台灣中小企業家與大企業家的創業過程〉，《中
　　國社會學刊》，16期。

二、西文部份

Donaldson, Thomas, & Preston, Lee E. (1995). The stakeholder theory of the corporation: Concepts, evidence, and implications. *Academy of Management Review*, 20: 65-91.

Blair, Margaret M. (1995). Ownership and control: Rethinking corporate governance for the twenty-first century. Washington, DC: Brookings.

Friedman, Milton (1970). The social responsibility of business is to increase its profits. *New York Times Magazine*, September 13: 33.

Kanter, Rosabeth Moss (1995). *World class: Thriving locally in the global economy*. New York: Simon & Schuster.

中國大陸員工對於僱傭關係的價值觀

霍揚宗

美國普吉桑大學

〈摘要〉

　　企業員工對勞資關係的基本定義與價值觀乃是影響薪酬、昇遷以及工作設計系統之有效性的重要因素。爲了探討大陸的企業員工對僱傭關係之權利義務觀念與西方傳統觀念之異同，本文作者透過上海市管理學會之協助，對上海地區六個國營企業的兩百三十位員工做了一項問卷調查。調查結果顯示，大陸員工對工作的權利義務觀念與西方之差異並不如一般人預期的顯著。總體言之，大陸員工對於薪酬系統、工作倫理以及合作與競爭的看法和西方國家之觀念大致相似；但在政策與規章、同僚間的人際關係以及對工作技術之看法方面，大陸員工與西方人之間有相當大的不同。這些差異不但反映出中國傳統文化的影響，也反映出相當根深蒂固的社會主義意識。

　　進一步的資料分析顯示出年齡、管理角色、教育程度以及性別差異也會對僱主與員工間的權利義務觀念產生顯著的影響。大致說來，四十歲以上的員工對於政策規章的維護較爲堅持，比較注意協助新進員工改善工作技術，並且比較重視工作生活的品質；管理人員（相對於非管理人員）較爲贊成爲組織做一些必要的犧牲，比較強調群體合作，並傾向於要求每一位員工盡力做好份內工作；受過大專教育的人比較相信同一組織內員工的績效貢獻可有甚大差異，員工應主動尋求最佳的工作成效，並且較不贊同平頭式的平等待遇；女性員工比男性員工相信績效獎金制度之有效性，比較認爲作息時間不應被主管人員操縱，並且比較重視人與人之間的和睦相處。這些個

人特質所造成的不同價值觀念與以往這方面之研究發現似乎並沒有巨大差異。對於這些研究結果在管理實務上的可能應用價值，本文作者也在結尾做了一些討論。

壹、緒論

在現代企業組織中，大多數人皆已體認到僱主與員工對於雙方權利與責任的基本觀念之瞭解乃是經營管理的重要一環 [1] [2] [3]。然而，過去的企業研究通常都採用一種非文化模式，亦即假定僱主與員工間的交易行為可以由一些與文化背景無關的遊戲規則來界定 [2] [6]。儘管許多人研究了文化對管理哲學、人事管理實務以及激勵方式之影響，但很少人去注意文化差異對一個社會中大多數人對僱傭權利義務觀念的影響。最近幾年已有人留意到此方面研究的不足；例如，歐西威與霍揚宗（Osigwehand Huo）[3] 即指出員工權利義務的觀念有可能因文化差異而不同，這些不同可能源自人們對曖昧狀況之忍受度、對人際關係的價值觀、以及工作生涯與個人生活重疊的程度等等。這些差異常常可以追溯到中西文化的基調，特別是個人主義意識及權力距離之不同 [18]。

最近十多年來，隨著大陸改革開放的進展，研究大陸企業文化與勞資關係的學者也逐漸增多 [8] [16] [17]。例如沈凱爾與饒美蛟（Shenkar & Nyaw）[9]即曾針對大陸的中外合資企業做過一番研究，其最重要發現就是，地方政策及人為干預常造成合資企業在執行人事決策時遭到意想不到的障礙。他們建議到大陸投資的外商應未雨綢繆，在商議合作條件之時即考慮到人力資源有關之政策規章的擬定，

並預期將來可能發生之問題，做好萬全的準備。

饒美蛟［10］更進一步探討了大陸人力資源管理系統在僱用、薪資、績效評估以及訓練管理方面的實務做法，從他的討論中，我們可以清楚看到政府法規和政治干預在人事管理每一層面造成的緊密束縛。一方面績效考核被大陸企業視為昇遷、訓練、薪酬、調職的重要基礎，另一方面員工的政治傾向和道德操守是績效評估的重要指標［13］［14］［15］。不過，在重重限制之中，饒美蛟也看到了專業化管理的一線曙光；這是因為大陸經濟體系正持續走向市場化與自由化的路徑，當政者遲早會意識到人力資源管理專業化的重要性［10］。

不久以前我們針對大陸廠商做了一個問卷調查；這些廠均為國營，雖然它們的管理制度自從改革開放以來已有若干改變，但基本上政府仍然是唯一的僱主。大陸廠商在此課題上最有趣的一點在於其一方面受到社會主義制度的長期影響，一方面又經歷了十多年的改革開放之衝擊，同時中國傳統文化的若干特質仍保留了一些殘存的影響，所以目前大陸員工的權利義務觀念可說是傳統文化、政經體制、以及改革開放三種因素下形成的產物。

貳、研究方法

㈠問卷設計

　　我們的問卷之設計是參考過去此方面之研究文獻，針對勞資關係最主要的六個方面來訂立問題；這六大課題包括：基本工作倫理、薪酬、人際關係、政策與規章、工作技術以及組織之間的關係。每一問題都與一個重要的員工權利或責任直接關連（例如：本單位的每一個人都應該受到平等的團隊成員之待遇），而答案格式則為萊克爾（Likert）七點式，範圍由1（代表「強烈不同意」）至7（代表「強烈同意」）。問卷的英文草稿先由五位在組織行為與工業關係方面知名的學者過目檢閱，根據他們的意見，我們再做一番修改，以便確保問卷內容與其它相關之量表一致，並能簡潔而精確地表達詞意。

　　英文問卷由一位精通中英文的學者翻為中文；為了減少文化和語言差距造成的誤解，中文版再由另一位雙語學者回譯為英文，然後我們將原版英文問卷與回譯英文本加以比較，針對其語意差別再予以修正，此種「除偏中傾向」（decentering）過程大幅提高了問卷本身的確信度［7］。

㈡取樣

經由大陸上海市管理學會之協助，我們向上海地區六個廠（在中國大陸企業的經營單位仍爲「廠」而非「公司」）發出了250份問卷。雖然我們深知大陸人口之眾，不可能取得一個代表全中國的大樣本，但上海市不祇是全大陸第一大城市，其居民亦多半來自大陸各地區，其人口結構顯然具有相當高的代表性。

在行業方面，我們調查的員工均服務於國營的製造業，包含化工、冶金、電子、紡織業。目前大陸快速成長的合資與私營企業並未包含在我們的樣本之中，這是因爲我們認爲此類企業的員工價值觀念比較容易受到西方意識形態的直接影響，而我們的主要興趣則在於將典型的大陸員工之權利義務觀念與西洋企業做一個鮮明的對比。

從我們問卷調查的答卷者背景組成看來，我們的樣本似乎涵蓋了大陸員工相當廣泛的層面。大約半數的人是四十歲以上（48%），性別分配略爲傾向男性，但這也許反映出勞力市場中男女的實際比例；此外，百分之五十七的答卷者有大專學歷，百分之六十的人是負有管理責任的主管（在我們的問卷中，凡是監督至少一位部屬的人員即被定義爲「管理者」）。這些特性使我們可以很容易地將樣本依據答卷者之背景來進一步分類分析，從而控制某些非文化因素之影響。

表一　參與答卷的大陸員工之基本資料

人口統計背景	人數 (百分比)*
年齡：四十歲以下	111 (48%)
四十歲以上(含)	119 (52%)
性別：男性	140 (62%)
女性	87 (38%)
教育：高中或以下	98 (43%)
大專或以上	130 (57%)
職別：管理人員	138 (60%)
非管理人員	92 (40%)

*由於某些人資料不全，總數可能小於230。

參、研究結果

㈠員工最重視與最不重視的權利和責任

由於本研究屬於探討性，所以我們在此並不發展正式的命題；惟

歐西威與霍揚宗〔4〕在另一篇論文中曾提出詳盡的理論架構，並針對某些文化特性與工作權利義務觀念之決定因素發展出一些假說（詳見本文附錄）。我們在討論分析結果時，將以他們的理論架構作參考，看看實證結果與他們的預測是否一致。

　　從我們的樣本分析可以看出，大陸員工最強烈支持的一個責任觀念是：「員工應盡其可能對所屬單位做最大的貢獻，以尋求整個單位之成功，從而換取自己可能得到的最大報酬」（平均值＝6.39，標準差＝1.00）。對一個已實施共產主義達半世紀的社會而言，這種相當典型的「西方」意識型態居然如此盛行，的確是很令人意外。不過這個結果似乎與另一個對照性的結果相當一致；在所有項目當中，贊成率最低的一項就是「組織內的酬勞應該平均分配」（平均值＝2.24，標準差＝1.65）。過去研究通常假定平均分配原則在社會主義國家內被接受的程度大於資本主義國家〔3〕，但我們的研究結果顯示，自從大陸於一九七九年實施改革開放以來，一般員工不但在意識形態方面有了重大改變，他們對西方資本主義的觀念擁護的程度恐怕也是超乎我們的意料之外。

　　儘管「公平主義」（equity）已取代了「平等主義」（equality）成為決定薪酬的主要價值觀念，大陸員工仍然有強烈的平等主義傾向；事實上，所有權利義務當中，排名次高的一項就是「本單位的每一個人都應該受到平等的團隊成員之待遇」，意味著大陸員工仍覺得每人的地位應該平等——即使報酬應該隨貢獻而有所不同。

　　第三個最重要的權利義務觀念「管理人員對員工的尊重」不但反

表二　大陸員工最強烈支持的權利義務*

	平均值	標準差
員工應盡其可能對所屬單位做最大的貢獻，以尋求整個單位之成功，從而換取自己可能得到的最大報酬	6.39	1.00
本單位的每一個人都應該受到平等的團隊成員之待遇	6.38	.93
管理人員對員工的尊重是相當重要的	6.25	1.10
組織內的政策與規章應該嚴格執行	6.14	1.11
員工有責任彼此和平相處	6.12	1.21
公司管理當局應該資助員工爲改善工作技能而參加進修教育	6.08	1.08
員工有責任循各種途徑來改善自己的工作技能	6.08	1.07
應該鼓勵員工每當發現政策規章有問題時就提出改善的建議	6.07	1.17
提供員工在職訓練是管理當局的責任	6.04	1.27
一個員工的私人生活不應與其工作生活有任何關連	6.03	1.18

*問卷調查是採用萊克爾七點尺度；1＝強烈不同意，7＝強烈同意。

映出平等主義的精神，也顯示在大陸上司與部屬間的權力差異（power distance）相對而言並不很大。總而言之，在仔細檢視我們問卷調查所發現的十個最重要權利義務觀念之後，我們可以將典型的大陸員工之價值觀描繪如下：他們渴望僱主能有一套公平的薪酬制度，將個別員工的貢獻與報酬連繫起來；同時，他們相信同一單位裡的每位員工應享有同等的地位並得到上級的尊重；他們認爲政策與規章應該嚴格執行，但管理當局應鼓勵員工在發現問題時提出改善的意見；基本上，員工有責任與同僚保持和睦的關係，但個人生活與工作生活最好能清楚地分開；在工作技能方面，員工有責任尋求各種途徑來改善自己的

工作技術，但僱主也應該提供在職訓練或資助他們的進修教育，以協助員工提高他們的工作技能。

　　大陸員工的這種期待是很容易理解的。根據一項1979年發佈的資料，在1959年由大學畢業的人工資所得比1951年初中畢業的人還要少百分之二十五左右［10］；換句話說，大陸的腦力工作者之所得常常輸給那些學歷較低的出賣勞力者。這就難怪某些員工寧願繼續停留在勞工階層而不願晉昇爲工廠幹部［11］。

表三　大陸員工最不支持的權利義務觀念*

	平均值	標準差
組織內的酬勞應該平均分配	2.24	1.65
本單位的員工對組織的貢獻並不會有太大差異	3.29	1.91
政策與規章應被遵守，但員工若認爲有必要，有時可以違反	3.36	1.92
凡是只想做足夠工作份量(也就是說達到最低可接受標準)之員工都應該被開革	3.49	1.81
凡是不試圖在工作上追求最佳績效的人都應被懲罰	3.74	1.84

*問卷調查是採用萊克爾七點尺度；1＝強烈不同意，7＝強烈同意。

　　這樣的觀念輪廓看起來似乎與典型的西方國家員工並沒有很大不同。然而，通常最受重視的權利義務觀念都比較明顯地反映出放諸四海皆準的工作倫理，因而掩蓋了文化之間的差異。基於此故，我們決定再分析負面的回答，以「4」爲中間點來分開「贊同」與「不贊同」之答覆。我們發現在我們的樣本中祇有五個項目的平均值低於4；這些項目反映出大陸員工最不重視──甚至不贊同──的權利義務觀念。

從這種負面答覆當中，我們可以看出中國人與西方人在一些普遍存在的權利義務觀念上有更多的不同。

　　如前所述，儘管目前大陸國營企業的實際薪資和獎金制度未能與個別員工的貢獻相連 [10]，大陸員工顯然反對那種不考慮員工相對貢獻的平頭薪酬制度。我們的問卷調查顯示答卷人多半不贊同「本單位的員工對組織的貢獻並不會有太大差異」之看法（平均值＝3.24，標準差＝1.91），這解釋了為什麼他們不喜歡平分式的薪酬架構。但是，我們也發現了某種程度的社會主義教條仍然深植大陸人心；以規章政策來說，我們的調查對象似乎反對讓一種現存的制度很容易就改變——至少他們不相信企業應鼓勵員工在認為必要時就可以違反政策與規章。另外兩個低贊同率的項目也顯示出一種相當保守的心態；它們的低平均值反映出：儘管大陸員工認為表現優異的人應得到公平的獎賞，但若懲罰那些不尋求最佳表現的人就太過份了（平均值＝3.74，標準差＝1.84）。同樣地，如果一個祇求過得去的員工就遭到解僱的命運，他們也覺得有過份之嫌（平均值＝3.49，標準差＝1.81）。換句話說，著名學者雷定（Redding）所發現的中國企業的家族主義（familialism）[5]，至今仍普遍存在於大陸員工的心中。

㈡年輕一代與年老一代大陸員工之間的差異

　　大陸年輕人與年長者之間並非不可能有代溝（generation gap）的存在。從中國近代歷史發展看來，這種價值觀念的分岐是可想而知的。年長的員工通常在社會主義制度下生活了比較長的時間；他們曾體驗

了六十年代與七十年代的文化大革命——許多人仍需從此種心靈創傷逐漸恢復；對於改革開放以後的物質主義新浪潮他們也可能比較難以接受。反之，年輕的員工因為在改革開放的環境中成長，可能已將他們得到的經濟自由視為當然，因而比較能接受西方文化所強調的自由競爭、個別獎賞以及區分身份地位之觀念。

為了探討年齡造成的可能差異，我們以四十歲為分水嶺將整個樣本分隔為兩個次級樣本，然後比較這兩組答卷人之答案，以t測試（t-test）來決定其答案是否有顯著差異。分析結果顯示此兩組人幾乎在每一個工作上的層面都有不同的看法——特別是對於政策規章之執行的態度方面。具體言之，年長員工比較強烈相信政策與規章應該嚴格執行（t＝4.25, p＜.001）並且較不認為員工認為有必要時可以違反政策規章（t＝2.20, p＜.05）；事實上，他們比較可能相信那些違反政策規章的人——即使出於善意——都應該受到懲罰（t＝2.10, p＜.05）。不過，在此同時他們也比較強烈同意要鼓勵員工在發現政策規章有問題時提出改善的建議（t＝3.75, p＜.001）。

年長的員工的工作價值觀也反映出了較高的家長主義（paternalism）傾向；我們的樣本顯示，年長的員工比較強烈覺得資深的員工有義務去幫助資淺員工改善工作技能（t＝3.93, p＜.001）；他們比較相信工作是個人生活當中的一個重要部份（t＝3.30, p＜.01），但他們較認為私人事務不應干擾到工作（t＝2.76, p＜.01）。此外，年長員工也比較強烈相信公司管理當局應該資助可增進員工技能的進修教育（t＝2.36, p＜.05）並有責任提供在職訓練給所有員工（t＝1.97, p＜.05）。另一方

面，他們認為祇要不違法，員工應該去做組織交代他們去做的任何事情（t＝2.32, p＜.05）。尤有甚者，年長員工較願意接受上司在認為有必要時要求的加班（t＝2.00, p＜.05）。

在處理組織之間的關係方面，年長員工比較覺得組織之間的競爭乃是一個基調（t＝2.59, p＜.01），因此員工應有義務幫助他們自己的單位在市場上贏得競爭（t＝3.06, p＜.01）。在工作倫理方面，年長員工比較感覺到員工若祇想「過得去就好」是一種不負責任的行為（t＝2.67, p＜.01）；事實上，他們認為員工在工作時不應去做私事（t＝1.98, p＜.05）。此外，他們也較不相信薪酬分配應不考慮相對貢獻而按照均分原則（t＝2.36, p＜.05）。

簡而言之，我們的資料分析明確反映出大陸年長與年輕員工之間的價值觀念型態有相當明顯的差距；年長員工一般而言比較強調大家長主義，比較重視辛勤工作之企業倫理價值，比較堅持政策與規章之維護，並且對於組織整體利益之維護比較有使命感。

㈢管理人員與非管理人員之間的差異

由於在我們的樣本裡年長員工中有相當大比例（76％）是管理人員，而年輕員工則只有42％擔任管理工作，我們懷疑在上述的「代溝」差異中有一部份是源自於主管人員與一般員工扮演不同之角色；因此，我們再用 t 測試來比較「四十歲以上」與「四十歲以下」兩個次級樣本內部管理人員和非管理人員之間的不同。

分析結果顯示管理人員與非管理人員之間的確在四十歲以上的次

表四　年長員工與年輕員工權利義務觀念之比較*

	平均值		t－測試值
	年輕員工	年長員工	
組織內的政策與規章應該嚴格執行	5.83 (1.26)	6.44 (.86)	4.25***
資深員工有義務幫助資淺員工改善 其工作技能	5.42 (1.35)	6.06 (1.08)	3.93***
應該鼓勵員工每當發現政策規章有 問題時就提出改善的建議	5.77 (1.29)	6.34 (.94)	3.75***
工作生活應被視為個人生活當中非 常重要的一部份	5.39 (1.36)	5.94 (1.16)	3.30**
員工們有義務協助其單位以任何方 式在市場上擊敗競爭對手	4.92 (1.69)	5.55 (1.39)	3.06**
一個員工的私人生活不應與其工作 生活有任何關連	5.81 (1.26)	6.24 (1.06)	2.76**
一個員工若祇想做「還算過得去」的 工作量，這是一種不負責任的想 法	4.70 (1.73)	5.30 (1.64)	2.67**
不同組織間的競爭乃是組織之間關 係的主要焦點	4.66 (1.56)	5.19 (1.54)	2.59**
組織內的報酬分配應不論貢獻大小 依據平均原則為之	2.51 (1.81)	1.98 (1.45)	2.44*
公司管理當局應該資助員工為改善 工作技能而參加的進修教育	5.91 (1.20)	6.25 (.92)	2.36*
員工們拿了錢就該做組織指派他們 做的任何事情──祇要指派的工 作不違法	4.14 (1.98)	4.72 (1.79)	2.32*
政策與規章應被遵守，但員工若認 為有必要，有時可以違反	3.66 (1.90)	3.08 (1.90)	2.29*
凡違反政策與規章的員工均應受到 處罰(即使是出於善意之違反)	5.03 (1.69)	5.48 (1.59)	2.10*
當上司覺得有必要時，員工應該同 意加班趕工	4.65 (1.82)	5.10 (1.55)	2.00*
在上班時間內，員工不應該花時間 在個人與工作無關的事務上	5.26 (1.65)	5.61 (1.60)	1.98*
提供員工在職訓練是管理當局的責 任	5.87 (1.35)	6.20 (1.17)	1.97*

*年輕員工與年長員工之分界點為四十歲。

括號內為標準差。

*p＜.05

**p＜.01

級樣本中造成了（相對於四十歲以下的人）比較大的價值觀念之差異，但在這兩個次級樣本中，員工扮演角色之不同所造成的影響並未消弭前述的「代溝」效應。具體言之，在四十歲以下的答卷人當中，管理者比較堅決相信員工在緊急狀況下不該拒絕上級要求之加班工作（$t = 2.25$,　$p < .05$），組織應該只留用那些盡力把份內工作做好的人（$t = 2.12$, $p < .05$），單位裡的每一個員工應該受到同等地位之團隊成員待遇（$t = 1.99$, $p < .05$）。這些意識型態之差距都很容易從管理者與非管理者扮演角色的不同來理解。

　　至於四十歲以上的答卷人之中，管理者與非管理者之間對員工權利義務看法的差距則在其它一些方面反映出來。管理人員比較可能將合作（而非競爭）視為不同組織之間關係的主要焦點（$t = 3.15$,　$p < .01$）；他們比較強烈感覺到員工有責任協助他們的單位與其它組織建立互利之關係（$t = 2.14$, $p < .05$）；他們比較相信員工應主動尋求最佳的表現——即使無人要求他們這樣做（$t = 2.30$, $p < .05$）；此外，他們較覺得政策與規章應該嚴格執行；管理者對員工的尊重亦被視為相當重要（$t = 1.99$, $p < .05$）。總之，除了管理者較重視組織之間的合作以外，這些差異基本上反映了管理者與非管理者扮演角色之不同。

㈣大學教育之影響

　　在七十年代末期開始的改革開放運動中，大陸知識份子一直都是主要的推動力量。一九八九年的天安門大屠殺明顯反映出了大學生與中共強硬派之間的意識型態衝突，因此，我們相信大學教育很可能會

表五　管理者與非管理者在員工權利義務方面之觀念差異

	平均值		t－測試值
	管理者	非管理者	
A. 四十歲以下：			
在緊急狀況下，員工不應拒絕上級主管請其加班之要求	6.04 (1.08)	5.48 (1.42)	2.25*
只有那些儘其可能追求優良績效的員工才應該被留在組織裡繼續僱用	5.50 (1.11)	4.92 (1.74)	2.12*
本單位的每一個人都應該受到平等的團隊成員之待遇	6.51 (1.10)	6.11 (1.01)	1.99*
B.四十歲以上：			
組織間的合作乃是組織之間關係的主要焦點	5.56 (1.38)	4.64 (1.25)	3.15**
員工應該尋求最佳的工作績效——即使無人要求他如此做	6.32 (1.08)	5.57 (1.62)	2.30*
組織內的政策與規章應該嚴格執行	6.55 (.76)	6.07 (1.05)	2.23*
員工們有責任幫助所屬單位與其它組織建立一種互利的關係	5.63 (1.37)	4.96 (1.62)	2.14*
管理人員對員工的尊重是很重要的	6.39 (1.04)	5.93 (1.12)	1.99*

括號內為標準差。

*p＜.05

**p＜.01

影響到一個人對員工權利義務的基本看法。

　　根據我們的樣本資料分析，受過大學教育與未受大學教育的員工之間最明顯的不同似乎存在於對平等主義（egalitarianism）之看法；受

過大學教育的員工比較不相信「本單位的員工對組織的貢獻並不會有太大差異 (t＝3.62, p＜.001)；他們也比較強烈不同意組織內的報酬分

表六　受過大學教育與未受過大學教育之大陸員工
　　　對員工權利義務看法之不同

	平均值		t－測試值
	大學畢業	其他	
本單位的員工對組織的貢獻並不會有太大差異	2.91 (1.71)	3.81 (2.04)	3.62***
政策與規章應被遵守，但員工若認為有必要，有時可以違反	2.98 (1.80)	3.88 (1.96)	3.61***
員工應該尋求最佳的工作績效——即使無人要求他如此做	6.22 (.95)	5.66 (1.64)	3.03**
一個員工若祇想做「還算過得去」的工作量，這是一種不負責任的想法	5.30 (1.53)	4.62 (1.85)	2.94**
組織內的報酬分配應不論貢獻大小依據平均原則為之	1.95 (1.36)	2.62 (1.92)	2.94**
組織內的政策與規章應該嚴格執行	6.30 (.92)	5.93 (1.29)	2.44*
員工們拿了錢就該做組織指派他們做的任何事情——祇要指派的工作不違法	4.70 (1.72)	4.09 (2.09)	2.37*
在上班時間內，員工不應該花時間在個人與工作無關的事務上	5.61 (1.38)	5.21 (1.90)	2.09*
一個員工的私人生活不應與其工作生活有任何關連	5.82 (1.15)	5.47 (1.44)	2.01*

括號內為標準差。
*p＜.05
**p＜.01
***p＜.001

配應根據平等原則爲之（t＝2.94, p＜.01）。此外，受過大學教育的人比較強烈相信員應主動尋求最佳的表現（t＝3.03, p＜.01），並且比較認爲一個員工若祇想做「還算過得去」的工作量是一種不負責任的想法（t＝2.94, p＜.01）。

在工作生活與私人生活之間的關係方面，有大學學位的人比較強烈認爲員工不應該在上班時間處理個人的事務（t＝2.09, p＜.05），不過他們似乎比較同意工作生活是個人生活當中的一個重要部份（t＝2.01, p＜.05）。

另一方面，大學畢業生也比較同意員工拿了錢就應該做組織要求他們做的任何事情，只要不違法就好（t＝2.37, p＜.05）。

一個比較意外的發現是：受過大學教育與未受過大學教育的人對政策規章有不同看法；受過大學教育的員工比較不認爲員工可以視需要而違反政策規章（t＝3.61, p＜.001），並且比較相信政策與規章應該嚴格執行（t＝2.44, p＜.05）。從這一點看來（至少在中國大陸），大學教育系統似乎強化而非減弱了一個人對政策規章的尊重。

㈤男性員工與女性員工之差異

在比較了男性員工與女性員工的權利義務觀念之後，我們並未發現很大的性別差異。整體來說，祇有五個項目反映出了較明顯的性別差異，而最大的不同是在報酬分配方面：女性員工似乎表現出比較強烈的公平觀念（equity），認爲組織內的報酬分配應該完全依照員工的相對貢獻來決定（t＝3.23, p＜.01）。不過，這種公平觀念似乎純粹運用

在報酬分配方面；在身份地位方面，女性員工比較強烈覺得每一位員工應該受到平等的團隊成員之待遇（t＝2.13, p＜.05）；此外，她們比較認爲，即使上司認爲有必要，員工也仍然有權反對加班（t＝2.34, p＜.05）。

我們也發現女性員工較男性員工更重視和睦的人際關係，認爲員工有責任彼此和平相處（t＝2.27, p＜.05）；此外，她們也更有可能認爲管理者對員工應加以尊重（t＝2.13, p＜.05）。

表七　大陸男性與女性員工在權利義務基本觀念方面之差異

	平均值		t－測試值
	男性	女性	
員工的報酬分配應該完全依照相對貢獻來決定	5.79 (1.41)	6.28 (.87)	3.23**
正常下班時間到了以後，員工有權拒絕加班——即使上司覺得有必要	4.59 (1.76)	5.11 (1.48)	2.34*
員工有責任彼此和平相處	5.97 (1.26)	6.34 (1.11)	2.27*
管理人員對員工的尊重是相當重要的	6.14 (1.19)	6.44 (.91)	2.13*
本單位的每一個人都應該受到平等的團隊成員之待遇	6.29 (1.02)	6.52 (.74)	1.97*

括號內爲標準差。
*p＜.05
**p＜.01

肆、結論與建議

　　我們的研究結果顯示出大陸員工的工作價值觀念具有相當一致的文化導向型態；由我們的資料分析看出，大陸員工所擁護的權利義務觀念似乎受到中國文化特質、深植的社會主義制度、以及新近採用的西方市場經濟意識型態之影響。事實上，若考慮到大陸勞工之多樣性以及他們所遭到的東方與西方意識觀念之交互衝擊，我們實在沒有理由預期一個單元性的工作價值觀念體系。

　　根據我們的研究發現，大陸員工似乎很反對建立一種不論貢獻的平頭式平等主義制度；在他們眼中，不同員工對組織的貢獻可有很大不同，而每一個人應盡其可能尋求最佳的績效。這種資本主義的意識觀念與社會主義之主題格格不入，至少可以部份歸因於過去十五年來大陸實施的經濟改革與開放。儘管如此，一項特別調查顯示大陸在1978至1989年這段期間，基本工資在總收入所佔的比例從85.7%降到54.3%，而同一期間各種津貼在總收入中的比重由6.5%上升到23.1% [12]，意味著大陸當局對於照顧人民生活的社會主義心態並不能隨著改革開放而輕易改變。

　　在此同時，我們仍然可以看到中國傳統文化與大陸長期實施的社會主義制度繼續主宰著某些基本的權利義務觀念。例如，雖然一般人覺得工作生活與私人生活應該加以區分，我們的調查對象仍然相信僱

主應該資助員工的進修教育，並提供在職訓練來改善他們的工作技能。同時，他們也相信人與人之間的地位區分要儘量消除，使組織內的每一個人可以享受同等的團隊成員待遇。

　　文化的影響也可以從他們對政策規章的高度重視看出來；大多數的答卷人都認爲政策規章應該嚴格執行，並且不認爲員工在有必要時可以任意違反規定。這種教條主義的傾向很可能與中國人對「不確定性」之憎惡有關 [3]。

　　至於性別、年齡、管理者角色、以及教育程度所造成的觀念差異，一般說來，我的們的發現與傳統之文化內（culture-free）研究並無太大不同。例如，年長的員工通常比較教條化並且比較可能將工作生活視爲個人生活的一個重要部份；管理者比較堅持對部屬工作時程之控制要有絕對的權威；受過大學教育的人比較相信僱主應個別化（idiosyn-cratic）對待員工。不過，女性員工似乎比男性員工對個人主義的意識形態更爲熱烈支持。

　　由於中國大陸有十億人口，而我們的樣本並不很大，本研究的發現或許祇是冰山之一角，未必有完美的代表性（事實上，以中國之大，要獲得具有完美代表性的樣本可説是不可能）。然而，我們相信此一樣本具有足夠的多樣性，至少可以反映出大陸勞工的一個橫截面。未來的研究或許應再比較大陸國營企業與合資企業之異同，以便更深入地找出組織架構與企業所有權對大陸員工權利義務觀念之影響。

　　從實用的觀點來看，我們的研究結果或許可以對未來準備到大陸經營企業的人以下的參考建議：

(1)雖然西方以工作績效爲標準的薪酬制度已經可以被一般的大陸員工接受，但若考慮到社會主義的殘留影響，員工之間的紅利或薪資差距在開始時不宜過大。

(2)非薪酬的福利措施，如在職進修補助、住房津貼等，仍然被許多大陸員工視爲重要的僱主責任；因此，即使金錢報酬已大爲提高，此類福利仍不能遽然廢除。

(3)在推行各種管理革新，重建理性化的僱用、昇遷、激勵制度之時，應特別注意到這些新制度彼此間的可能衝突，否則將會造成政策規章之不一致，對於教條性（dogmatism）較高的員工形成不良的心理壓力。此外，每當實施新制度之前，應將有關的政策規章先行建立或修改。

參考文獻

[1] Osigweh, C. A. B. (1989). The myth of universality in trans-national organizational science. In C. A. B. Osigweh, Yg.(Ed.), *Organizational science abroad: Constraints and perspectives*(pp. 3-26). New York: Plenum.

[2] Osigweh, C. A. B. (1991). Toward an employee responsibilities and rights paradigm. *Human Relations*, 43(12), 1277-1309.

[3] Osigweh, C. A. B., & Huo, Y. P. (1993). Conceptions of

employee responsibilities and rights in the United States and the People's Republic of China. *The International Journal of Human Resource Management*, 4, 85-112.

[4] Osigweh, C. A. B., & Huo, Y. P. (1993). Public-sector employee responsibilities and rights in two countries. *International Review of Administrative Science*, 59, 131-149.

[5] Redding, S. G. (1990). *The spirit of Chinese capitalism*. New York: Walter De Gruyter.

[6] Steers, R. M. (1989). Organization science in a global environment: Future directions. In C. A. B. Osigweh, Yg., (Ed.), *Organizational science abroad: Constraints and perspectives* (pp. 295-304). New York: Plenum.

[7] Werner, O., & Campbell, D. (1970). Translating, working through interpreters, and the problem of decentering. In R. Naroll and R. Cohen (Eds.), *A handbook of method in cultural anthropology* (pp. 398-420). New York: Natural History Press.

[8] Chow, I., & Shenkar, O. (1989). HR practices in the People's Republic of China. *Personnel Psychology*, 66, 41-47.

[9] Shenkar, O., & Nyaw, M. Yin and Yang (1995). The interplay of human resources in Chinese-foreign ventures. In O. Shenkar (Ed.), *Global perspectives of human resource management* (pp. 273-292). Englewood Cliffs, NJ: Prentice Hall.

[10] Nyaw, M. (1995). Human resource management in the People's Republic of China. In L. F. Moore & P. B. Jennings (Eds.), *Human resource management on the Pacific Rim* (pp. 187-216). Berlin: Walter de Gruyter.

[11] Zhao, L., & Pan, J. *Labor economics and labor management*. Beijing: Beijing Press (in Chinese).

[12] Special Study Group of Workers' Wage (1991). Staff income composition and corresponding policy research. *Management World*, May, 3, 85-90 (in Chinese).

[13] Chen, S. (1985). *Comprehensive labor and personnel management in enterprises*. Shanghai: Shanghai Science and Technology Press (in Chinese).

[14] Liao, C. (1991). *Human resource management*. Shanghai: Tung-chi University Press (in Chinese).

[15] Su, T. L., & Chu, C. (Eds.) (1992). *Ren Shi Xue Dao Lun (Fundamentals of Personnel)*. Beijing: Beijing Normal College Press (in (Chinese).

[16] Davidson, W. H. (1987). Creating and managing joint ventures in China: Motivation and management of political risks. *California Management Review*, 24(4), 77-94.

[17] Henley, J. S., & Nyaw, M. (1987). The management system and organizational functioning of joint ventures in China: Some evi-

dence from Shenzhen SEZ. Paper presented at the Chinese Enterprise Conference, Manchester, U. K.

[18] Bond, M. H., & Hwang, K. K. (1986). The social psychology of Chinese people. In M. H. Bond (Ed.), *The psychology of the Chinese people*. Hong Kong: Oxford University Press.

附錄　一些可能影響員工權利義務觀念的文化要素

文化特質	工作權利之決定因素

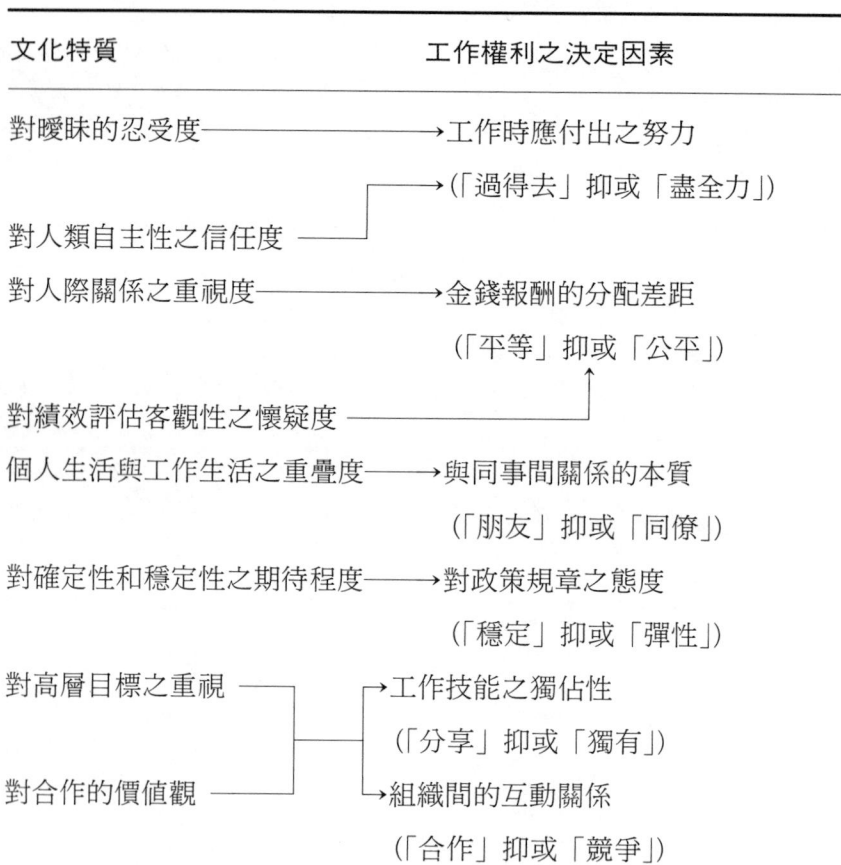

對曖昧的忍受度───────────→工作時應付出之努力

　　　　　　　　　　　　　→（「過得去」抑或「盡全力」）

對人類自主性之信任度 ───┘

對人際關係之重視度───────→金錢報酬的分配差距

　　　　　　　　　　　　　　（「平等」抑或「公平」）

對績效評估客觀性之懷疑度 ──┘

個人生活與工作生活之重疊度──→與同事間關係的本質

　　　　　　　　　　　　　　（「朋友」抑或「同僚」）

對確定性和穩定性之期待程度──→對政策規章之態度

　　　　　　　　　　　　　　（「穩定」抑或「彈性」）

對高層目標之重視 ──┐　　┌→工作技能之獨佔性

　　　　　　　　　　　　　（「分享」抑或「獨有」）

對合作的價值觀 ────┘　　└→組織間的互動關係

　　　　　　　　　　　　　（「合作」抑或「競爭」）

資料來源： Osigweh, C. A. B., & Huo, Y. P. (1993). Conceptions of employee responsibilities and rights in the United States and the People's Republic of China. *The International Journal of Human Resource Management, 4,* 85-112.

台灣與大陸企業員工工作價值觀之比較

黃國隆　戚樹誠

台灣大學工商管理學系暨商學研究所

〈摘要〉

本研究的主要目的乃探討台灣與大陸企業員工的工作價值觀之現況及差異；次要目的則欲比較台灣與大陸企業員工的工作滿足之差異，以及探討員工的個人背景變項、工作價值觀與其工作滿足、組織承諾之關係。

台灣地區之受訪對象爲民營企業之主管及部屬共1,211人，大陸地區之受訪對象爲北京、上海、珠江三角洲等三個地區的三資（合資、合作、獨資）企業之大陸籍主管及部屬共3,030人。本研究之主要發現如下：

（一）台灣與大陸企業員工對「目的性工作價值觀」各項目的重視順序上大致差異不大。若以「目的性工作價值觀」的四個因素而言，則海峽兩岸員工都最重視「平安和諧」（包含「生活的安定與保障」及「和諧的人際關係」二項），其次是「內在酬償」（包含「自尊心」、「成就感」、「獨立自主」、「符合個人興趣」……等），接著是「集體利益」（包含「國家民族的發展」及「服務社會」）；受重視程度最低的則是「外在酬償」（包含「財富」、「權勢」及「名望與社會地位」）。

（二）台灣與大陸企業員工對「工具性工作價值觀」各項目的重視順序上也差異不大。就台灣企業員工而言，最受重視的前五項是「負責任」、「信用」、「效率」、「團結合作」、「知恥」，而在大陸員工方面則以「信用」、「負責任」、「忠誠」、「效率」及「團結合作」等五項最受重視。至於「節儉」、「尊重傳統」及「尊卑有序」等皆被兩岸員工列爲重視程度最低的項目。

（三）不管在台灣或大陸，在「節儉」、「毅力」、「團結合作」、「求新求

變」等項目及「能力與理智」之因素上主管比部屬重視。再者，兩岸的主管在工作滿足與組織承諾上均分別高於其部屬。此外，企業主管與其部屬的工作價值觀差距愈大，則部屬的「內在及外在企業滿足」及「組織承諾」均愈低。

（四）大陸地區之三資企業員工在「整體工作滿足」及「內在工作滿足」程度上顯著地高於台灣企業員工。

緒　論

　　過去四十多年來台灣在全體百姓的辛勤奮鬥下，創造了驚人的經濟奇蹟，人們的物質生活品質有了相當的改善。然而隨著社會結構的快速變遷與生活型態的日趨多元化，新一代就業者的工作價值觀是否與以往有相當的不同？這是在人力資源管理上一個相當值得探討的課題。王永慶（1984）曾指出，在台灣經濟發展過程中，百姓已經發揮了勤勞、節儉、樸實的傳統工作價值觀，然而「追根究底」、「止於至善」的精神則有待進一步加強。

　　第二次世界大戰之後，東亞五個地區（日本、台灣、南韓、香港、新加坡）的經濟發展舉世矚目。這些地區的經濟成就之潛在因素為何，近年來曾引起中外學者熱列討論（黃光國，1984；黃進興，1987；杜念中、楊君實，1989）。上述五個地區的社會文化在歷史上均深受儒家思想的影響。雖然Weber（1964）在其《中國的宗敎：儒家與道家》（*The Religion of China：Confucianism and Taoism*）一書中曾指出，儒家倫理（Confucian　ethic）是不利於資本主義在中國發展的重要因素，因為儒家強調「對世界的理性的適應」、不想主宰世界，且只追求「對既存世俗權力與秩序的合樸行為」。因此，Weber 認為「儒家倫理不能推動社會經濟秩序之變革，亦無法開展資本主義」（黃光國，1984）。然而，Kahn（1979）、Hofheinz & Calder（1982）及Berger（1983）等人卻都

強調儒家倫理乃是近代東亞社會經濟快速發展的重要文化動力。Berger認爲：Weber 所說的儒家倫理乃是指中國帝制時代儒吏及士大夫的意識型態，而非一般老百姓在日常生活中所遵循的「世俗化的儒家倫理」。Berger認爲「世俗化的儒家倫理」包含了重視紀律、努力工作、節儉、和諧、團結等價值與規範，以及對家庭無條件、無保留的奉獻。

　　而此一「世俗化的儒家倫理」才是眞正促進東亞社會經濟急速發展的主要因素。（黃光國，1984；楊國樞、鄭伯壎，1987）。黃光國（1984）曾對Berger此一論點提出質疑。黃進興（1987）也認爲：「一個社會的經濟成長顯然是由許多因素共同促成的。單靠儒家倫理是不足以成事的，儒家倫理固然可以提供強烈工作取向的成就動機，但並不保證可以達成預定的成就目標。這中間還得牽涉許多非倫理因素，例如：資本、技術、管理制度等等。」

　　上述「世俗化的儒家倫理」所涉及的「重視紀律、努力工作、節儉、和諧、團結」等項目均可視爲工作價值觀的重要內涵。我們目前雖然無法肯定或証實這些工作價值觀乃是促進東亞五個地區經濟快速發展的主要因素，但是它們對個人的工作態度與工作表現的影響卻是許多研究組織行爲及生涯輔導的學者們所共同強調的課題（鄭伯壎，1985；王叢桂，1992；Blood, 1969；Crain, 1974）。

　　Super（1980）曾指出，工作價值觀是影響個體的職業選擇與生涯規劃的主要因素。Locke & Henne（1986）則認爲個人的工作價值觀會影響其工作意願或目標，並進而影響其努力程度與工作表現（劉兆明，1991）。王叢桂（1992）更進一步指出，許多社會、政治及經濟學者認

為工作價值觀乃是促進社會經濟結構變遷的重要因素。再者，工作價值觀也受社經結構與生活型態的影響。

在探討台灣與大陸地區之工作價值觀的相關研究之前，筆者認為有必要先對價值觀及工作價值觀之定義及類別分別加以說明。

一、價值觀的意義及類別

「價值觀」（value） 此一概念過去一直受人文學者及社會科學家所熱衷探討。Rokeach (1973) 將價值觀定義為：「一種持久的信念 (an enduring belief)，此一信念認為，就個人或社會而言，某一特定的行為模式（mode of conduct） 或存在的終極狀態（end-state of existence）優於另一個相對的行為模式或存在的終極狀態」。文崇一（1989）認為價值觀是「一個社會或一群人用以衡量事物或行為的標準」。例如，某人認為勤勞優於懶惰，和諧比衝突好，考試作弊是可恥的行為，這些判斷的標準即反映出這個人的價值觀。 Rokeach認為價值觀具有引導個體行為、幫助個體作決定與解決衝突、以及激勵個體達成自我實現等功能（翁淑緣，1984）。

一個人的價值觀之形成主要是經由學習的歷程。換言之，一個人在其成長過程中受到父母、老師、親戚、朋友或其他重要人物的影響，逐漸持有各種價值觀。文崇一（1989） 也指出，價值觀會受到文化環境與歷史傳統等因素的影響。此外，一般而言一個人的價值觀是相當持久與穩定的，例如對宗教的價值觀、對金錢的價值觀……等。不過，當我們對某些價值觀產生困惑或質疑時，這些價值觀也有可能會改

變。

　　有關價值觀的類別，不同的學者有不同的分類方式。例如Rokeach（1973）將價值觀分成兩大類，其中一類是與「個體追求之目的」有關的「目的性價值觀」（terminal values），如舒適的生活、成就感、國家安全……；另一類是與「個人行為模式」有關之「工具性價值觀」（instrumental values），即個人為達成目的價值而偏愛的手段或行為模式，如誠實正直、勇敢、自我約束……。Perry（1926）則採歷史式的分類法將價值觀分為六類，即認知的（cognitive）、道德的（moral）、經濟的（economic）、政治的（political）、審美的（aesthetic）、宗教的（religious）。Rescher（1969）進一步將價值觀區分為經濟的、道德的、社會的（social）、政治的、審美的、宗教的、物質的（material and physical）、知識的（intellectual）、專業的（professional）、情緒的（sentimental）等十類（文崇一，1989）。Tagiuri（1967）的研究發現，從事不同職業的人對各類價值觀的重視順序並不相同。例如牧師最重視「宗教的價值」，最不重視「經濟的價值」；採購代理商最重視「經濟的價值」，最不重視「社會的價值」（強調人際的和諧）；工業工程師則最重視「理論的價值」（強調理性批判與發掘真理），而最不重視「社會的價值」（Robbins，1993）。

二、工作價值觀的意義及類別

　　「工作價值觀」（work value）是價值觀的重要一環。Kalleberg（1977）將工作價值觀定義為「個體自工作有關的活動中想得到的事物」。Kal-

leberg並將工作價值觀歸納為五個主要構面，它們分別是內在動機
（intrinsic motivation）、方便性（convenience）、與同事關係（relation-
ship with co-workers）、生涯（career）及資源妥適性（resource ade-
quacy）。Vanus & McAllister（1991）對工作價值觀的看法與Kalleberg
類似，不過他們將工作價值觀簡要地分成兩類，即內在價值（intrinsic
value）與外在價值（extrinsic value）。（王叢桂，1992）。

　　就美國而言，美國的企業員工所重視的工作價值觀過去五十年來
也經歷幾次的轉變：1940至1950年代開始上班工作的員工（目前年齡
約50至70歲）普遍重視「努力工作、保守及忠於組織」；1960至1970年
代中期之企業員工（目前約40至50歲）轉而崇尚「忠於自己、尋求自
主、不從眾、重視生活品質」的價值觀；1970年代中期至1980年代中
期開始上班的員工（目前約30至40歲）則轉而重視「工作成就、雄心
及忠於事業；1980年代中期開始就業到現在之員工（目前約30歲以下）
則重視「適應性（flexibility）、工作滿足、休閒生活、忠於人際關係」
（Robbins, 1993）。Domino & Hannah（1987）以及Orpen（1978）的
研究則發現，亞非國家不同世代與不同文化族群的工作者對西方的工
作價值觀的接納程度相當不同。

三、台灣地區的工作價值觀研究

　　王叢桂（1992）曾根據Rokeach的價值分類概念，將工作價值區分
為「工作目的價值」與「工作手段價值」二種，前者重視個體工作之
目標，而後者則是為了達成工作目標而重視的手段。王叢桂以其編制

的工作價值量表所做之研究結果發現：不同世代的大學畢業生在工作
目的價值與手段價值上有差異存在，愈年輕的世代愈強調工作所能帶
來的成長與成就的內在酬償，也愈重視工作帶來的外在酬償；年長的
一代則較重視國家發展與服務社會的集體利益。在手段價值方面，愈
年輕的愈重視能力與理性、謙和寬容等價值；年長的世代則較重視清
高寡慾、民主等價值。黃同圳（1993）的研究則發現，台灣地區青年
勞工對「從工作中獲致良好的人際關係，較富裕之家庭生活，以及發
揮個人專長」最為重視；反之，對工作中的權力及威望的重視程度則
相對地較低。再者，工作自主性受到的重視程度亦高，甚至超過收入
待遇。

　　黃光國（1992）指出，現代台灣居民主要仍追求「福祿壽喜」等
外在取向的目的價值，而非西方現代社會所重視的「追尋美感、知識
及自我實現」等內在取向的目的價值；但是，在手段價值方面則相當
程度接納了西方現代社會所重視的「效率、準確」等價值（王叢桂，
1992）。Brindley（1990）也指出，當前台灣社會中的成員雖然受到「科
學、功能主義、物質主義、獨立」等現代價值觀的影響，但這些價值
觀並未完全取代中國傳統所重視的「人倫、孝道、道德教誨、權威及
實用主義」等主要價值觀。Brindley認為台灣的居民目前正處於價值上
的多元混合狀態（王叢桂，1992）。

　　王叢桂與羅國英（1990）的研究結果顯示，不同年齡層的工作者
其工作價值觀不同。夏林清與游慧卿（1983）利用其修訂過之「工作
價值觀問卷」（原為Super所編製）來探討心理輔導、都市計劃、機械工

程及會計等四種不同行業人員之工作價值觀差異，結果發現這四種行業人員在七項價值觀上有顯著差異。

四、中國大陸的工作價值觀研究

　　何國全（1994）曾訪問投資中國大陸之台灣企業的台籍經理人或企業主，藉以瞭解大陸員工的價值觀現況。他歸納出下列的研究結論：(1)大陸員工在「權力距離」方面，「有部份還是依循父權社會的傳統，對團體裡的大家長、掌舵人懷有極高的敬畏及尊重；但在另一方面，大陸員工卻又不很輕易地服從於中階主管、直屬上司的命令」；(2)大陸員工有強烈迴避不確定性的傾向，並且不習慣在團體中輕率表露自己的想法；(3)目前台商對大陸員工的管理方式應多依循 X 理論的精神，即一方面應明訂工作規範，另一方面在績效考核方面也必須賞罰分明。

　　香港學者黎子言和林業偉（1981）對中國大陸管理人員進行了價值觀的研究，結果發現：(1)大陸的「權力距離」指數和台灣人相類似，而對於組織中權力分殊的事實是尊重且接受的；(2)大陸人對不確定性的迴避傾向比台灣人高很多，亦即大陸人對風險的接受程度很低，希望生活在明確的社會規範下；(3)大陸人比較偏好集體主義的社會生活，極端重視人與人的良好「關係」。葉春生在廣州華南理工大學所指導的一篇碩士論文（1988）亦有類似的研究發現（何國全，1994）。以樓靜波（1993）為首的一批中國社會科學院的學者曾針對「當代中國青年價值觀念演變」加以探討，他們收集了四千多個樣本，研究結

果顯示大陸青年人的價值觀有三個基本演變方向：(1)由群體本位取向演變爲個體本位取向；(2)由單一取向發展爲多元取向；(3)世俗化的價值目標正逐漸取代理想主義的價值目標。在「職業價值觀」方面，大陸青年在選擇職業時最重視的決定因素是「發揮個人特長」，接著是「經濟收入」、「社會地位」、「輕鬆自由」。而受到大陸青年評價較高的職業則爲企業家、科學研究人員、藝術家、大學教師和醫生，至於黨政幹部所受之評價則較以往明顯降低（何國全，1994）。

朱謙（1993）等人針對大陸6272個樣本所做的調查則發現：(1)在工作態度方面，有75%的受訪對象表示，他們很願意比別人多做一些；(2)受訪者追求的人生目標依序爲：「家庭溫暖」(74.3%)、「子女成材」(64%)、「工作成就」(60.6%)、「生活富足」(49%)、「和睦相處」(43.3%)、「眞正愛情」(35.1%)、「知識文化」(29.1%)、「開創事業」(26.8%)、「報效國家」(24.6%)、「建造住房」(19.9%)、「知己友情」(18.8%)、「文憑學位」(8.5%)、「出國深造」(6.3%)、「冒險進取」(4.2%)；(3)教育程度愈高者愈重視工作成就，愈不重視生活富足；(4)男性比女性更重視生活富足；(4)超過一半以上的大陸人認爲錢只要夠用就好；(5)受西方影響較深的人顯得較開朗，家庭觀念較現代化，也較強調法制觀念。

五、工作價值觀與工作滿足及組織承諾之關係

本文之緒論中曾提及，在組織行爲的領域中，學者們相當重視工作價值觀對工作態度及工作表現的影響，而最常被探討的工作態度是

工作滿足與組織承諾。「工作滿足」（job satisfaction）是指「員工對其工作各層面的感受與評價」（Wexley & Yukl, 1977）。員工的工作滿足程度不僅可被用來衡量其「工作生活素質」的高低，更可當為組織中病態現象的早期警示信號（陳森壬與黃國隆，1982）。至於組織承諾（organizational commitment）則指「員工對特定組織的認同（identification）與投入（involvement）的程度」。許多研究均指出，員工對某一組織的承諾程度可當為該組織之效能的指標（黃國隆，1986）。

　　Fishbein（1967）曾提出一個概念模式來說明工作價值觀對工作態度及工作表現的影響。Fishbein認為工作價值觀（即對工作的信念）會先影響工作態度（工作滿足及組織承諾），接著影響行為意圖（離職意圖及努力意願），最後則影響實際行為表現（缺勤、離職、工作績效）。亦即工作價值觀→工作態度→行為意圖→實際行為（Steers & Porter, 1991）。Blood（1969）及Crain（1973）的研究均發現，工作價值觀與工作滿足有顯著相關。至於工作價值觀與組織承諾之關係方面，Kidron（1978）的研究發現，工作價值觀與道德承諾（組織承諾中的一類）呈正相關，而工作價值觀與計算性承諾（另一類的組織承諾）則相關不顯著。

　　在台灣的相關研究方面，鄭伯壎（1985）發現組織成員中具有高工作倫理者對上司的滿足較高（工作倫理與工作價值觀有密切關係）。邱淑媛（1993）的研究則顯示，工作價值觀中的「負責任」及「方便的工作時間」兩項皆對工作滿足及組織承諾有顯著的預測力。政大企管研究所畢業的韓籍學生朴英培（1988）針對南韓電子業員工所做的

調查發現，員工的工作價值觀分別與其工作滿足及組織承諾有顯著相關。

六、研究目的與研究架構

　　自從1987年政府開放台灣民眾赴中國大陸探親以來，已有數百萬的百姓往來於海峽兩岸之間，雙方接觸日益頻繁。尤其是1989年以後，台商赴大陸投資的家數及金額快速增加。根據1993年經濟部的統計發現：赴中國大陸投資的台商家數約在一萬五千家左右，因投資而流入大陸的總資金則達百億美元之譜（何國全，1994）。

　　許多台商到大陸投資設廠之後，發現對當地員工的管理常遭遇到許多困難。由於兩岸人民分隔四十多年，雖屬同文同種，但在不同的政治及經濟制度下，雙方人民在價值觀與行為模式方面可能已經有相當之差異。為了增進台商在大陸投資之企業的經營績效，以及促進兩岸人民的相互瞭解，針對兩岸企業員工的工作價值觀加以有系統地深入探討，在目前而言實屬迫切且必要。再者，就學術價值而言，本研究結果將有助於華人心理學知識的累積。

　　簡言之，本研究的主要目的乃欲探討台灣與大陸企業員工的工作價值觀之現況及差異；次要目的則欲比較台灣與大陸企業員工的工作滿足之差異，以及探討員工的個人背景變項、工作價值觀與其工作滿足、組織承諾之關係。

本研究之觀念架構圖

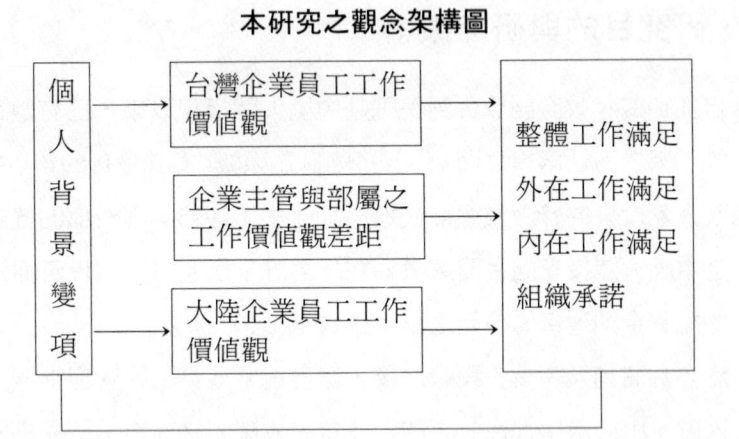

研究方法

一、受訪對象

　　台灣地區之受訪對象為民營企業之主管及部屬。大陸地區之受訪對象為北京、上海、珠江三角洲等三個地區的三資（合資、合作、獨資）企業之大陸籍主管及部屬。

二、抽樣方法

(一)台灣地區部份

本部份抽樣方法乃以「台灣地區工商企業名錄」爲抽樣母體，等距抽出518家公司，並分別連絡各公司，徵求其同意後進行訪談。實際成功訪談公司爲152家，每家公司訪問主管及部屬各若干名，共獲得1401份有效樣本。若以百分之九十五信賴水準估計，抽樣誤差爲±5.77%。爲了方便和大陸三資企業之員工樣本相互比較，筆者在此只選取上述樣本中之製造業及服務業從業人員，共得1211份，其中製造業695份，服務業516份。若以職位區分，主管有392人，部屬有715人，拒答者105人；若以性別區分，男性有574人，女性有629人，拒答者8人；若以婚姻狀況區分，已婚者有686人，未婚者有512人，拒答者13人；若以子女數區分，無子女者571人，有子女者599人，拒答者41人；若以年齡區分，25歲以下者186人，26至35歲者576人，36至45歲者306人，46至55歲者69人，56歲以上者33人，拒答者41人；若以教育程度區分，國中以下者97人，高中（職）者406人，大專者671人，研究所者23人，拒答者14人；若以工作年資區分，則1年以下者8人，2至3年者99人，4至5年者166人，6至10年者296人，11年以上者519人，拒答者123人。

㈡大陸地區部份

　　以北京、上海、珠江三角洲三大地區的「外商投資企業及外國（地區）企業常駐機構名錄」（包含約18000家三資企業）為抽樣母體。透過多管道之親友或其他人際網絡介紹，尋找符合本研究條件之受訪者（即在三資企業工作，居住受訪地區六個月以上，及具有大陸戶口者），或直接提供受訪者名錄給訪問員（大學生），請他們直接到三資企業抽樣調查。總計抽出 932家企業，最後訪談成功之企業共有525家。每家企業受訪主管人數為1至3人，部屬為3至7人，共獲得3030份有效樣本，其中主管 906份，部屬2124份；若行業區分則包含製造業從業人員1704份，服務業從業人員1323份，另有3份拒答。若以性別區分，男性有1613人，女性有1417人；若以婚姻狀況區分，已婚者有1567人，未婚者有1456人，拒答者7人；若以子女區分，無子女者1671人，有子女者1347人，拒答者12人；若以年齡區分，25歲以下者1171人，26至35歲者1072人，36至45歲者504人，46至55歲者191人，56歲以上者69人，拒答者23人；若以教育程度區分，國中以下者591人，高中（職）者1077人，大專者1294人，研究所者55人，拒答者13人；若以工作年資區分，則1年以下者294人，2至3年者515人，4至5年者497人，6至10年者535人，11年以上者1172人，拒答者17人。

三、調查過程

　　由受訓過的訪問員（大學生）以電話或親自聯繫各公司，在取得公司管理階層同意後，任意抽取該公司之受訪樣本，當場個別給予問卷填答，並解答受訪者之疑問。每位受訪者填答問卷約費時20分鐘。在大陸地區當問卷回收後，由本研究之大陸地區負責人從每位訪問員所完成之問卷中隨機抽取百分之三十的問卷進行複查，以確保問卷之填答品質。

四、調查時間

　　台灣地區部份，調查時間自1993年1月1日至1993年3月15日止。大陸地區部份，則調查時間自1994年4月1日至1993年5月31日止。

五、測量工具

(一)工作價值觀量表

　　台灣地區所使用之量表乃參考王叢桂（1992）所編之工作價值觀量表。原量表分為二個分量表：「工作目的價值觀量表」（有26個題目）及「工作手段價值觀量表」（有47個題目）。本研究為了避免問卷題目過多，影響受訪者作答意願，研究者去除了原量表中語意重複及因素負荷量較低之題目，濃縮成16題的「目的性工作價值觀量表」及22題的「工具性工作價值觀量表」。再者，本研究進一步針對此二分量表進

表一　企業員工「目的性工作價值觀」因素分析結果（台灣地區）

因素 項目	內在酬償 (α = .8986)	集體利益 (α = .8091)	外在酬償 (α = .7485)	平安和諧 (α = .7206)
15 符合個人興趣	.77893			
16 自我成長	.77591			
11 發揮個人專長	.73809			
12 成就感	.70561			
14 發揮創造力	.70128			
13 自尊心	.67367			
6 個人理想的實	.56642			
10 獨立自主	.52571			
8 追尋眞理與知	.41371			
9 國家民族的發展		.81240		
7 服務社會		.76092		
4 名望與社會地位			.84906	
3 權勢、能影響他人 或資源分配人或資 源分配			.81893	
5 財富			.63271	
2 生活的安定與保障				.82663
1 和諧的人際關係				.78141
累積解釋變異量	44.8%	54.2%	61.0%	66.8%

行因素分析，結果發現：「目的性工作價值觀」可抽出四個因素，它們分別是「內在酬償」、「集體利益」、「外在酬償」及「平安和諧」。這四個因素的 Cronbach's α 值及累積解釋變異量請參考**表一**；「工具性工作價值觀」則可抽出三個因素，它們分別是「能力與理智」、「謙和

寬容」及「尊重傳統」。這三個因素的Cronbach's α值及累積解釋變異量請參考**表二**。大陸地區所使用之工作價值觀量表則以台灣地區所使用者爲準（兩者皆爲六點量表），經參考上海復旦大學學者之意見將其中6題之用詞稍加修改，以符合大陸當地之用法，如「個人理想的實踐」改爲「實現個人理想」，「知恥」改爲「廉恥」等。修改後之量表曾經過預試，發現並沒問題。

(二)工作滿足量表

本量表爲六點量表，共有七題，其中第一至第六題取自「密西根組織評鑑問卷」（Michigan Organizational Assessment Questionnaire）。第一至三題係測量「內在獎賞滿足」（Intrinsic Rewards Satisfaction），包括對「學習新事物、完成有意義的事物及做肯定自己的事物之機會」的滿足程度；第四至第六題係測量「外在獎賞滿足」（Extrinsic Rewards Satisfaction），包括對「薪資、福利及工作保障」的滿足程度；第七題則測量「整體工作滿足」。戚樹誠（1993）的研究顯示，「內在獎賞滿足」與「外在獎賞滿足」之內部一致性係數分別爲.84及.84。再者，此二分量表與「整體工作滿足」之相關係數爲.43及.43；同時，此二分量表間彼此之相關係數則爲.29。

(三)組織承諾量表

Porter、Steers、Mowday及Boulian（1974）認爲組織承諾感強烈的成員會對組織表現出下列三種傾向：(1)堅定地信仰與接受組織的目標與價值；(2)願意爲組織付出更多的心力；(3)渴望繼續成爲組織的一份

表二　企業員工「工具性工作價值觀」因素分析結果（台灣地區）

項目　　　　　因素	能力與理智 ($\alpha = .9229$)	謙和寬容 ($\alpha = .8815$)	尊重傳統 ($\alpha = .7208$)
10　負責任	.76550		
7　　勤勞	.67584		
4　　知恥	.64522		
11　效率	.64018		
3　　毅力	.63674		
8　　自我約束	.62838		
16　信用	.60922		
5　　穩重	.60591		
9　　理性思考	.59195		
19　謹慎	.52083		
21　求新求變		.69841	
22　隨和		.68310	
20　有禮貌		.62359	
12　寬容雅量		.59772	
15　學識		.59277	
13　耐心		.52755	
17　忠誠		.51681	
14　謙虛		.51557	
18　團結合作		.50723	
6　　尊重傳統			.74054
1　　尊卑有序			.72712
2　　節儉			.69575
累積解釋變異量	48.6%	54.6%	59.1%

子。本研究在台灣地區所施測的量表即根據上述的三種傾向而編成的
「組織承諾量表」(屬六點量表)，此量表包含三個題目，其Cronbach's α
為.90；至於在大陸地區所使用的「組織承諾量表」（亦屬六點量表）則
是根據Porter等人所編製之量表的中譯本，它共有15個題目，本研究所
求得之15題的 Cronbach's α為.87。由於台灣與大陸地區所使用之「組
織承諾量表」不完全一樣，因此本研究不對此兩個地區之企業員工之
組織承諾加以比較。

研究結果

一、台灣與大陸地區企業員工對工作價值觀各項目 的重視順序比較

⑴「目的性工作價值觀」方面

　　表三顯示，台灣企業員工對16項「目的性工作價值觀」中的6項之
重視程度平均分數超過5分（表示「相當重視」），另外10項的平均分數
介於4分（表示「有點重視」）到5分之間。若按受重視順序排列，則以
「生活的安定與保障」及「和諧的人際關係」居前二名，其餘依次為
「自尊心」、「成就感」、「自我成長」、「發揮個人專長」、「獨立自
主」、「符合個人興趣」、「個人理想的實踐」、「發揮創造力」、「財

富」、「追尋眞理與知識」、接著是「服務社會」及「國家民族的發展」，最後才是「權勢」及「名望與社會地位」。若就歸類後的「目的性工作價值觀」之四個因素而言（請參考**表一**之因素歸類及**表五**之平均數），則大致上以「平安和諧」最受重視，其次是「內在酬償」、「集體利益」，而以「外在酬償」之受重視程度最低。

　　至於大陸企業員工方面，他們對「目的性工作價值觀」中的4項表示「相當重視」，對其餘的12項則表示「有點重視」。其中以「自尊心」最受重視，然後是「生活的安定與保障」及「和諧的人際關係」，接著是「發揮個人專長」、「獨立自主」、「自我成長」、「個人理想的實現」、「成就感」、「發揮創造力」、「符合個人興趣」、「財富」、「追尋眞理與知識」，而「國家民族的發展」及「服務社會」位居倒數第四及第三，受重視程度最低的二項則爲「名望及社會地位」與「權勢」。若就「目的性工作價值觀」之四個因素而言（請參考**表五**），則以「平安和諧」最受重視，其次是「內在酬償」、「集體利益」，而以「外在酬償」居末位。

　　台灣與大陸企業員工對「目的性工作價值觀」各項目的重視順序之接近程度則可用Spearman等級相關來測定。本研究所求得之Spearman等級相關係數爲$rs = 0.92$（$p < .001, df = 14$），可見台灣與大陸企業員工對「目的性工作價值觀」各項目之重視順序相當接近。

　　(2)「工具性工作價值觀」方面

　　表三顯示，台灣企業員工對22項「工具性工作價值觀」中的14項的重視程度爲「相當重視」（平均分數在5分以上），而對其餘8項的重

表三　台灣與大陸地區企業員工對工作價值觀之重視順序比較表

順序	台灣地區(人數：1026)		大陸地區(人數：2739)	
	價值觀項目	平均數(標準差)	價值觀項目	平均數(標準差)
	目的性工作價值觀			
1	生活的安定與保障	5.34（.77）	自尊心	5.21 (0.85)
2	和諧的人際關係	5.26（.78）	生活的安定與保障	5.07 (0.91)
3	自尊心	5.22（.82）	和諧的人際關係	5.05 (0.81)
4	成就感	5.22（.81）	發揮個人專長	5.05 (0.88)
5	自我成長	5.17（.87）	獨立自主	4.96 (0.94)
6	發揮個人專長	5.14（.84）	自我成長	4.88 (0.89)
7	獨立自主	4.97（.90）	個人理想的實現	4.88 (0.96)
8	符合個人興趣	4.95（.94）	成就感	4.81 (0.98)
9	個人理想的實踐	4.92（.95）	發揮創造力	4.80 (0.95)
10	發揮創造力	4.91（.90）	符合個人興趣	4.77 (1.02)
11	財富(經濟報酬)	4.79（.91）	財富(經濟報酬)	4.72 (0.98)
12	追尋真理與知識	4.73（.96）	追尋真理與知識	4.61 (1.02)
13	服務社會	4.57（.95）	國家民族的發展	4.59 (1.06)
14	國家民族的發展	4.51 (1.09)	服務社會	4.38 (0.96)
15	權勢	4.30 (1.07)	名望與社會地位	4.01 (1.17)
16	名望與社會地位	4.26 (1.08)	權勢	3.79 (1.23)
	工具性工作價值觀			
1	負責任	5.36（.72）	信用	5.40 (0.72)
2	信用	5.33（.76）	負責任	5.30 (0.79)
3	效率	5.28（.75）	忠誠	5.22 (0.83)
4	團結合作	5.25（.78）	效率	5.19 (0.79)
5	知恥	5.18（.83）	團結合作	5.15 (0.79)

表三（續）

6	忠誠	5.18 (.80)	知恥	5.14 (0.91)
7	隨和	5.13 (.80)	有禮貌	5.13 (0.80)
8	謹慎	5.12 (.80)	穩重	5.05 (0.81)
9	勤勞	5.10 (.81)	學識	5.01 (0.88)
10	理性思考	5.06 (.78)	寬容雅量	4.94 (0.86)
11	自我約束	5.05 (.80)	毅力	4.89 (0.87)
12	耐心	5.04 (.80)	勤勞	4.89 (0.87)
13	寬容雅量	5.04 (.80)	謹慎	4.89 (0.88)
14	有禮貌	5.00 (.88)	理性思考	4.85 (0.89)
15	穩重	4.99 (.82)	謙虛	4.81 (0.89)
16	毅力	4.99 (.84)	自我約束	4.75 (0.94)
17	求新求變	4.96 (.88)	耐心	4.73 (0.91)
18	謙虛	4.95 (.84)	求新求變	4.71 (0.97)
19	尊卑有序	4.81 (.98)	隨和	4.68 (0.98)
20	學識	4.77 (.91)	節儉	4.46 (1.04)
21	節儉	4.75 (.92)	尊重傳統	4.19 (1.09)
22	尊重傳統	4.50 (1.07)	尊卑有序	4.17 (1.17)

視程度則為「有點重視」（平均分數介於4分到5分之間）。若依受重視順序排列，則以「負責任」、「信用」、「效率」、「團結合作」居前四名，其餘依次是「知恥」、「忠誠」、「隨和」、「謹慎」、「勤勞」、「理性思考」、「自我約束」、「耐心」、「寬容雅量」、「有禮貌」、「穩重」、「毅力」、「求新求變」、「謙虛」，最後四項則為「尊卑有序」、「學識」、「節儉」、「尊重傳統」。再者，若就歸類後的「工具性工作價值觀」之四個因素而言，（請參考**表五**），其受重視程度依序為「能力與理智」、「謙和寬容」、「尊重傳統」。

　　大陸企業員工對22項「工具性工作價值觀」中的9項表示「相當重視」，而對其餘13項則表示「有點重視」（見**表三**）。若依受重視順序排列，則「信用」、「負責任」、「忠誠」、「效率」位居前四名，接著是「團結合作」、「知恥」、「有禮貌」、「穩重」、「學識」、「寬容雅量」、「毅力」、「勤勞」、「謹慎」、「理性思考」、「謙虛」、「自我約束」、「耐心」、「求新求變」，最後四項則為「隨和」、「節儉」、「尊重傳統」及「尊卑有序」。至於就「工具性工作價值觀」之四個因素而言（**請參考表五**），其受重視程度依序為「能力與理智」、「謙和寬容」、「尊重傳統」。

　　台灣與大陸企業員工對「工具性工作價值觀」各項目的重視順序之接近程度亦同樣可藉Spearman等級相關來測定。本研究所求得之Spearman等級相關係數為$r_s = 0.71$（$p < .001$, $df = 20$），可見台灣與大陸企業員工對「工具性工作價值觀」各項目之重視順序亦頗類似。

二、台灣與大陸企業員工在工作價值觀上的差異

　　表四顯示，台灣地區的企業員工在大部份的工作價值觀項目上的平均分數均高於大陸地區之企業員工（*平均分數愈高，代表愈重視*）；大陸企業員工只在「國家民族的發展、穩重、學識、信用、有禮貌」等工作價值觀項目上比台灣企業員工重視。若就工作價值觀各因素而言（**請見表五**），則台灣企業員工對各因素之重視程度均顯著地高於大陸企業員工。

表四　台灣與大陸地區企業員工的工作價值觀之差異分析摘要表

項　目	台灣地區			大陸地區			F　值
目的性工作價值觀	平均數	標準差	人　數	平均數	標準差	人　數	
1.和諧的人際關係	5.24	.78	1210	5.05	.82	3025	47.67***
2.生活的安定與保障	5.33	.78	1201	5.06	.91	3016	82.32***
3.權勢	4.29	1.07	1182	3.78	1.23	3001	155.94***
4.名望與社會地位	4.24	1.09	119	94.01	1.17	3003	36.71***
5.財富(經濟報酬)	4.78	.92	1194	4.71	.99	3016	3.47
6.個人理想的實踐	4.91	.96	1198	4.87	.97	3025	1.23
7.服務社會	4.56	.97	1204	4.36	.97	3103	34.99***
8.追尋真理與知識	4.72	.97	1197	4.61	1.02	3016	9.60**
9.國家民族的發展	4.50	1.09	1199	4.59	1.07	3013	5.43*
10.獨立自主	4.95	.92	1198	4.94	.96	3012	0.01
11.發揮個人專長	5.14	.85	1200	5.03	.89	3021	12.45***
12.成就感	5.20	.83	1204	4.79	.99	3017	164.13***
13.自尊心	5.21	.82	1201	5.19	.87	3021	0.42
14.發揮創造力	4.89	.93	1204	4.78	.95	3011	10.78***
15.符合個人興趣	4.93	.95	1203	4.76	1.03	3018	24.24***
16.自我成長	5.16	.88	1205	4.88	.89	2980	85.55***
17.尊卑有序	4.81	1.00	1201	4.17	1.16	3022	273.77***
18.節儉	4.75	.93	1208	4.45	1.05	3026	73.82***
19.毅力	4.99	.83	1210	4.87	.87	3020	13.67***
20.知恥	5.17	.84	1206	5.12	.92	3010	1.35
21.穩重	4.98	.82	1206	5.04	.81	3023	5.18*
22.尊重傳統	4.51	1.07	1204	4.19	1.09	3016	70.86***
23.勤勞	5.10	.82	1208	4.88	.87	3019	52.60***
24.自我約束	5.04	.81	1208	4.73	.94	3026	93.54***
25.理性思考	5.03	.79	1208	4.83	.89	3017	46.50***
26.負責任	5.35	.74	1211	5.29	.79	3025	4.12*
27.效率	5.26	.77	1205	5.18	.80	3027	8.04**
28.寬容雅量	5.02	.83	1209	4.93	.87	3024	10.02**
29.耐心	5.03	.80	1209	4.73	.92	3017	93.37***
30.謙虛	4.96	.85	1206	4.79	.90	3023	28.12***
31.學識	4.76	.92	1205	4.99	.88	3023	60.34***

表四（續）

32.信用	5.31	.78	1209	5.38	.73	3028	9.36**
33.忠誠	5.16	.81	1209	5.21	.83	3022	3.64
34.團結合作	5.23	.79	1209	5.14	.79	3026	9.82**
35.謹慎	5.10	.81	1207	4.88	.88	3022	51.72***
36.有禮貌	5.01	.87	1208	5.13	.80	3022	22.08***
37.求新求變	4.94	.90	1209	4.68	.97	3020	58.25***
38.隨和	5.12	.81	1210	4.67	.98	3024	190.17***

註：(1)*p＜0.05　　**p＜0.01　　***p＜0.001

　　(2)目的性工作價值觀差異之MANOVA檢定結果為 Wilks' λ 值＝0.876, F＝35.728, p＜.001

　　(3)工具性工作價值觀差異之MANOVA檢定結果為 Wilks' λ 值＝0.792, F＝49.509, p＜.001

表五　台灣及大陸地區企業員工的工作價值觀各因素之差異分析摘要表

項　目	台灣地區			大陸地區			F　值
目的性工作價值觀	平均數	標準差	人　數	平均數	標準差	人　數	
內在酬償	5.05	.68	1156	4.91	.62	2912	39.71***
集體利益	4.59	.85	1186	4.52	.83	2988	5.80*
外在酬償	4.45	.83	1164	4.17	.89	2974	83.57***
平安和諧	5.29	.68	1198	5.06	.71	3011	94.55***
工具性工作價值觀	平均數	標準差	人　數	平均數	標準差	人　數	
能力與理智	5.15	.59	1164	5.04	.53	2966	33.59***
謙和寬容	5.00	.62	1180	4.90	.57	2975	25.53***
尊重傳統	4.69	.79	1189	4.27	.79	3007	234.94***

註：*p＜0.05　　***p＜0.001

三、台灣地區企業主管與部屬在工作價值觀上的差異

　　整體而言，台灣地區企業主管與部屬在「目的性工作價值觀」之各項目上沒有顯著差異（Wilks' λ ＝.974, F＝1.613, p＞.05）。而在「工

具性工作價值觀」項目上則主管比部屬更重視「節儉」、「毅力」、「忠
誠」、「團結合作」、「求新求變」等五項，其餘項目則無顯著差異（見
表六）。

表六　台灣地區企業主管與部屬的工具性工作價值觀之
差異分析摘要表

項　目	台灣地區			大陸地區			F　值
目的性工作價值觀	平均數	標準差	人　數	平均數	標準差	人　數	
17.尊卑有序	4.86	1.00	389	4.78	.98	707	1.69
18.節儉	4.84	.86	389	4.69	.95	711	6.93**
19.毅力	5.08	.78	389	4.93	.85	713	7.70**
20.知恥	5.16	.79	390	5.16	.86	708	.00
21.穩重	4.97	.77	390	4.99	.83	708	.21
22.尊重傳統	4.48	1.07	388	4.51	1.06	706	.19
23.勤勞	5.13	.78	389	5.07	.84	709	1.17
24.自我約束	5.07	.77	390	5.01	.83	709	1.42
25.理性思考	5.05	.75	389	5.02	.82	709	.21
26.負責任	5.39	.67	389	5.33	.75	711	1.71
27.效率	5.30	.71	387	5.23	.79	707	1.99
28.寬容雅量	4.99	.79	390	5.03	.85	710	.54
29.耐心	5.08	.75	389	5.00	.83	705	2.69
30.謙虛	4.92	.82	389	4.95	.86	706	.33
31.學識	4.77	.88	388	4.74	.94	705	.23
32.信用	5.35	.73	390	5.28	.79	706	1.97
33.忠誠	5.26	.72	391	5.10	.85	709	10.91**
34.團結合作	5.30	.73	390	5.19	.81	709	4.84*
35.謹慎	5.15	.71	390	5.08	.85	707	2.07
36.有禮貌	4.97	.87	389	4.99	.88	706	.10
37.求新求變	5.01	.87	390	4.87	.92	706	6.12*
38.隨和	5.05	.80	390	5.14	.83	704	2.55

註：(1)*p＜0.05　**p＜0.01　***p＜0.001

(2)MANOVA檢定結果爲Wilks' λ 值＝0.949, F＝2.432, p＜.001

四、大陸地區企業主管與部屬在工作價值觀上的差異

　　表七顯示，在「目的性工作價值觀」之各項目中，除了在「財富」項目上大陸企業部屬比主管更重視之外，其餘差異顯著之八項均為主管比部屬重視。至於在「工具性工作價值觀」之項目上有顯著差異的有「節儉」等11項，而且皆為大陸企業主管比部屬重視。

五、不同個人背景變項之台灣地區企業員工在工作價值觀上的差異

　　表八顯示：

(1)台灣企業主管在「外在酬償」、「平安和諧」、「能力與理智」上比部屬重視，而兩者在其餘工作價值觀因素上則無顯著差異（Wilks' $\lambda = .986$, $F = 2.318$, $p < .05$）。

(2)台灣企業男性員工比女性員工更重視「外在酬償」，而在其餘工作價值觀因素上兩者則無顯著差異（Wilks' $\lambda = .982$, $F = 3.048$, $p < .005$）。

(3)台灣企業未婚員工比已婚員工更重視「內在酬償」；反之，已婚員工比未婚員工更重視「尊重傳統」；在其餘工作價值觀因素上則兩者無顯著差異（Wilks' $\lambda = .976$, $F = 4.068$, $p < .001$）。

(4)不同年齡組別的台灣企業員工對各個工作價值觀因素的重視程度均有顯著差異。在「內在酬償」方面，年紀輕的員工比年紀大的員工重視；而對其餘工作價值觀因素之重視程度大體上是

表七　大陸地區企業主管與部屬的工作價值觀之差異分析摘要表

項　目	台灣地區			大陸地區			F　值
目的性工作價值觀	平均數	標準差	人　數	平均數	標準差	人　數	
1.和諧的人際關係	5.14	.78	906	5.01	.83	2119	14.64***
2.生活的安定與保障	5.05	.90	902	5.06	.91	2114	.07
3.權勢	3.85	1.24	898	3.75	1.22	2103	4.22*
4.名望與社會地位	4.01	1.21	898	4.00	1.14	2105	.08
5.財富(經濟報酬)	4.65	.97	901	4.73	.99	2115	4.78*
6.個人理想的實踐	4.91	.97	904	4.85	.97	2121	2.18
7.服務社會	4.50	.95	904	4.31	.96	2109	26.17***
8.追尋真理與知識	4.66	1.05	902	4.58	1.01	2114	3.65
9.國家民族的發展	4.66	1.06	901	4.55	1.07	2112	6.25*
10.獨立自主	5.01	.94	902	4.91	.96	2110	6.22*
11.發揮個人專長	5.13	.86	904	4.98	.90	2117	17.92***
12.成就感	4.89	.98	904	4.74	.98	2113	15.87***
13.自尊心	5.17	.84	903	5.19	.87	2118	.61
14.發揮創造力	4.93	.90	904	4.71	.96	2107	33.48***
15.符合個人興趣	4.71	1.05	903	4.77	1.01	2115	2.05
16.自我成長	4.91	.91	893	4.86	.88	2087	2.15
工具性工作價值觀	平均數	標準差	人　數	平均數	標準差	人　數	
17.尊卑有序	4.15	1.18	906	4.18	1.15	2116	.44
18.節儉	4.52	1.06	904	4.42	1.04	2122	6.06*
19.毅力	4.94	.88	903	4.84	.87	2117	7.32**
20.知恥	5.14	.90	899	5.12	.93	2111	.30
21.穩重	5.05	.82	906	5.04	.81	2117	.20
22.尊重傳統	4.17	1.11	905	4.20	1.08	2111	.58
23.勤勞	4.94	.89	902	4.85	.87	2117	5.51*
24.自我約束	4.79	.96	905	4.71	.93	2121	4.26*
25.理性思考	4.92	.89	903	4.79	.89	2114	12.87***
26.負責任	5.38	.77	906	5.25	.80	2119	19.20***
27.效率	5.30	.76	906	5.12	.80	2121	33.88***

表七（續）

28.寬容雅量	5.01	.87	904	4.89	.86	2120	11.71***
29.耐心	4.76	.94	903	4.72	.92	2114	1.44
30.謙虛	4.82	.91	904	4.78	.89	2119	1.06
31.學識	5.02	.88	906	4.98	.88	2117	1.58
32.信用	5.45	.72	906	5.35	.72	2122	12.19***
33.忠誠	5.25	.85	904	5.19	.82	2118	2.85
34.團結合作	5.22	.79	905	5.10	.79	2121	14.41***
35.謹慎	4.87	.91	904	4.89	.87	2118	.18
36.有禮貌	5.14	.82	903	5.13	.79	2119	.17
37.求新求變	4.76	.94	904	4.65	.99	2116	8.05**
38.隨和	4.63	1.01	904	4.69	.96	2120	2.07

註：(1)*p＜0.05　** p＜0.01　***p＜0.001

　　(2)目的性工作價值觀差異之MANOVA檢定結果爲 Wilks' λ值＝0.963, F＝6.855, p＜.001

　　(3)工具性工作價值觀差異之MANOVA檢定結果爲 Wilks' λ值＝0.975, F＝3.384, p＜.001

先隨著年齡之增加而提高（以36歲至45歲組之重視程度最高），然後遞減（Wilks' λ＝.907, F＝3.835, p＜.001）。

(5)沒有子女的台灣企業員工比有子女者更重視「內在酬償」；反之，有子女者比無子女者更重視「尊重傳統」（Wilks' λ＝.969, F＝5.013, p＜.001）。

(6)在「內在酬償」方面，台灣企業員工之教育程度愈高者愈重視；反之，在「尊重傳統」方面，則教育程度愈低者愈重視（Wilks' λ＝.927, F＝4.028, p＜.001）。

(7) 工作年資爲11年以上之台灣企業員工比年資6至10年者更重視「尊重傳統」（Wilks'λ＝.920, F＝2.909, p＜.001）。

表八　不同個人背景變項之台灣地區企業員工在工作價值觀各因素平均分數之差異分析摘要表

個人背景變項	目的性工作價值觀				工具性工作價值觀		
	內在酬償	集體利益	外在酬償	平安和諧	能力與理智	謙和寬容	尊重傳統
職級							
主管	5.05	4.61	4.49	5.36	5.19	5.01	4.74
部屬	5.05	4.56	4.38	5.26	5.13	4.99	4.67
	(0.02)	(1.22)	(4.47)*	(5.70)*	(2.80)*	(0.42)	(1.96)
性別							
女	5.07	4.57	4.37	5.29	5.15	5.02	4.66
男	5.03	4.60	4.51	5.29	5.13	4.98	4.72
	(1.30)	(0.36)	(7.23)**	(0.04)	(0.21)	(1.31)	(1.58)
婚姻							
未婚	5.11	4.59	4.39	5.29	5.13	5.00	4.60
已婚	5.01	4.59	4.48	5.29	5.15	5.00	4.77
	(5.89)*	(0.01)	(3.05)	(0.03)	(0.28)	(0.05)	(12.59)***
年齡							
0-25	5.14cf	4.53	4.39	5.30b	5.14	5.00	4.57a
26-35	5.07ad	4.56	4.46	5.30a	5.13	4.99	4.65b
36-45	5.08be	4.70	4.54a	5.36c	5.24ab	5.09a	4.84ab
46-55	4.75def	4.62	4.19a	5.18	4.98b	4.85	4.79
56以上	4.45abc	4.28	4.10	4.81abc	4.82a	4.65a	4.76
	(10.94)***	(2.69)*	(4.03)**	(5.30)***	(5.54)***	(5.15)***	(4.38)**
子女數							
無	5.10	4.56	4.39	5.27	5.12	4.99	4.60
有	5.00	4.61	4.47	5.32	5.16	5.00	4.78
	(5.15)*	(0.94)	(2.18)	(1.38)	(1.50)	(0.35)	(15.30)***

表八（續）

教育程度							
國中以下	4.71ab	4.42	4.33	5.18	5.01	4.87	4.80
高中、職	5.04a	4.66	4.47	5.30	5.17	5.05	4.80a
大專	5.10b	4.57	4.44	5.30	5.15	4.99	4.61a
研究所	5.13	4.49	4.17	5.28	5.20	4.95	4.63
	(9.06)***	(2.27)	(1.51)	(0.88)	(1.79)	(2.28)	(4.63)**
工作年資							
1年以內	5.34	4.67	4.52	5.63	5.27	4.98	4.50
2-3	5.10	4.61	4.45	5.17	5.02	4.93	4.65
4-5	5.08	4.53	4.41	5.20	5.11	4.98	4.62
6-10	5.11	4.49	4.44	5.32	5.14	4.99	4.59a
11年以上	5.01	4.65	4.46	5.31	5.20	5.05	4.79a
	(1.53)	(1.78)	(0.16)	(2.24)	(2.19)	(1.08)	(3.77)**
工作地點							
都會區	5.09	4.58	4.43	5.32	5.15	5.00	4.67
非都會區	4.94	4.62	4.47	5.21	5.14	5.01	4.79
	(9.37)**	(0.38)	(0.43)	(5.88)*	(0.07)	(0.11)	(5.19)*

註：括弧內為 F 值

*p＜0.05　**p＜0.01　***p＜0.001

a,b,c,d,e,f表示平均數差異以Scheffe法事後考驗結果達0.05顯著水準之組別

(8) 工作地點屬都會區之台灣企業員工比非都會區者更重視「內在酬償」及「平安和諧」；反之，非都會區者比都會區者更重視「尊重傳統」（Wilks'λ ＝.951, F＝8.431, p＜.001）。

六、不同個人背景變項之大陸地區企業員工在 工作價值觀上之差異

表九顯示：

(1)大陸企業主管比部屬更重視「內在酬償」、「集體利益」及「能力與理智」，而在其餘工作價值觀因素上則兩者無顯著差異（Wilks' λ ＝.987, F＝5.199, p＜.001）。

(2)大陸企業男性員工比女性員工更重視「內在酬償」、「集體利益」及「外在酬償」；反之，女性員工則比男性員工更重視「平安和諧」（Wilks' λ ＝.983, F＝6.600, p＜.001）。

(3)大陸企業員工中之未婚者比已婚者更重視「內在酬償」、「外在酬償」及「謙和寬容」；反之，已婚者則比未婚者更重視「集體利益」、「能力與理智」及「尊重傳統」（Wilks' λ ＝.937, F＝26.120, p＜.001）。

(4)大體而言，大陸企業員工之年齡愈輕，愈重視「內在酬償」及「外在酬償」；反之，年齡愈大者則愈重視「集體利益」、「能力與理智」及「尊重傳統」（Wilks' λ ＝.911, F＝9.186, p＜.001）。（56歲以上組與其他組別在各工作價值觀因素上差異不顯著，其原因可能是前者人數偏少，只有33人，因而使得它與別組之差異在統計上未達顯著水準）。

(5)沒有子女的大陸企業員工比有子女者更重視「內在酬償」及「外在酬償」；反之，有子女者則比無子女者更重視「集體利益」、「能力與理智」及「尊重傳統」（Wilks' λ ＝.931, F＝28.806, p＜.001）。

(6)整體而言，大陸企業員工中教育程度愈高者愈重視「內在酬

償」、「外在酬償」及愈不重視「集體利益」、「尊重傳統」；再者，「高中高職組」比「大專組」更重視「平安和諧」，「大專組」比「國中以下組」更重視「謙和寬容」（Wilks' λ ＝.922, F＝10.649, p＜.001）。

(7)大陸企業員工之工作年資愈短者愈重視「內在酬償」；工作年資在「11年以上組」分別比「2至3年組」、「4至5年組」及「6至10年組」更重視「集體利益」；反之，「11年以上組」分別比其他各組更不重視「外在酬償」；此外，「11年以上組」比「2至3年組」更重視「平安和諧」；再者，「11年以上組」分別比「2至3年組」、「4至5年組」更重視「能力與理智」及「尊重傳統」（Wilks' λ ＝.919, F＝8.300, p＜.001）。

(8)在工作地點方面，上海地區之企業員工分別比北京及珠江三角洲地區之企業員工對「內在酬償」與「外在酬償」的重視程度低；其次，北京之企業員工分別比上海及珠江三角洲之企業員工對「集體利益」與「平安和諧」的重視程度低；再者，上海地區之企業員工比珠江三角洲地區之企業員工更重視「能力與理智」（Wilks' λ ＝.937, F＝12.831, p＜.001）。

表九　不同個人背景變項之大陸地區企業員工在工作價值觀各因素平均分數之差異分析摘要表

個人背景變項	目的性工作價值觀				工具性工作價值觀		
	內在酬償	集體利益	外在酬償	平安和諧	能力與理智	謙和寬容	尊重傳統
職級							
主管	4.97	4.61	4.18	5.10	5.10	4.93	4.29
部屬	4.89	4.48	4.17	5.04	5.01	4.89	4.27
	(11.12)***	(15.50)***	(0.11)	(3.76)	(17.08)***	(3.33)	(0.18)
性別							
女	4.88	4.47	4.12	5.10	5.04	4.92	4.29
男	4.94	4.57	4.22	5.02	5.03	4.88	4.26
	(6.94)**	(11.62)***	(9.77)**	(10.36)**	(0.07)	(2.93)	(0.93)
婚姻							
未婚	4.98	4.47	4.25	5.03	5.01	4.93	4.20
已婚	4.84	4.57	4.09	5.08	5.06	4.87	4.35
	(35.26)***	(12.88)***	(24.90)***	(3.52)	(7.73)**	(7.10)**	(26.46)***
年齡							
0-25	4.97bc	4.49cd	4.23ace	5.06	5.01b	4.92	4.21ab
26-35	4.91a	4.44ab	4.27bdf	5.02	5.01a	4.89	4.26cd
36-45	4.85c	4.67ac	4.01ef	5.13	5.12ab	4.91	4.40ac
46-55	4.76ab	4.71bd	3.85cd	5.10	5.11	4.85	4.46bd
56以上	4.74	4.67	3.80ab	5.03	5.11	4.81	4.33
	(7.93)***	(9.90)***	(18.16)***	(2.08)	(5.70)***	(1.40)	(8.19)***
子女數							
無	4.97	4.46	4.23	5.04	5.00	4.91	4.19
有	4.84	4.61	4.09	5.09	5.08	4.88	4.38
	(32.58)***	(24.41)***	(18.02)***	(3.60)	(13.50)***	(2.04)	(41.85)***
教育程度							
國中以下	4.80a	4.65ab	4.07a	5.08	5.02	4.83a	4.47bc
高中、職	4.87b	4.49a	4.13b	5.12a	5.03	4.90	4.30ac
大專	4.98ab	4.49b	4.24ab	5.00a	5.05	4.93a	4.17ab
研究所	5.00	4.48	4.30	4.97	4.99	4.86	4.16
	(13.34)***	(6.30)***	(6.10)***	(6.06)***	(0.82)	(3.85)**	(20.46)***

表九（續）

工作年資						
1年以內	5.02b	4.50	4.25b	5.01	5.05	4.97	4.25
2-3	4.96a	4.45b	4.26c	5.00a	4.97a	4.89	4.13a
4-5	4.94	4.41a	4.24a	5.03	4.99b	4.89	4.21b
6-10	4.93	4.48c	4.27d	5.04	5.02	4.90	4.26
11年以上	4.84ab	4.63abc	4.04abcd	5.12a	5.09ab	4.89	4.39ab
	(6.85)***	(8.27)***	(10.63)***	(3.52)**	(6.33)***	(1.47)	(11.24)***
工作地點						
北京	4.95b	4.42ab	4.28b	4.94ab	5.02	4.92	4.30
上海	4.86ab	4.56a	4.02ab	5.12a	5.07a	4.88	4.28
珠江三角洲	4.93a	4.58b	4.21a	5.12b	5.01a	4.89	4.25
	(5.86)**	(10.68)***	(22.51)***	(20.91)***	(3.99)*	(1.34)	(0.73)

註：括弧內為 F 值
　　*p＜0.05　**p＜0.01　***p＜0.001
　　a,b,c,d,e,f表示平均數差異以Scheffe法事後考驗結果達0.05顯著水準之組別

七、台灣及大陸地區企業員工在工作滿足上之差異

　　表十顯示，大陸企業員工的「整體工作滿足」及「內在工作滿足」均高於台灣企業員工；至於「外在工作滿足」方面則兩者無顯著差異（Wilks' λ = .989, F = 15.143, p＜.001）。

表十　台灣及大陸地區企業員工的工作滿足之差異分析摘要表

工作滿足	台灣地區			大陸地區			F　值
因　　素	平均數	標準差	人　數	平均數	標準差	人　數	
整體工作滿足	3.93	1.03	1197	4.10	0.98	2991	23.50***
內在工作滿足	12.13	3.05	1187	12.34	2.94	2983	4.11*
外在工作滿足	10.92	3.14	1185	10.90	2.86	2994	0.04

註：*p＜0.05　***p＜0.001

八、不同個人背景變項之台灣地區企業員工在工作滿足及組織承諾上之差異

表十一顯示：

(1)台灣地區企業主管的「整體工作滿足」、「內在工作滿足」、「外在工作滿足」及「對企業（組織）的承諾感」均高於部屬（Wilks' λ = .940, F = 16.696, p < .001）。

(2)台灣企業男性員工在「整體、內在與外在的工作滿足」及「組織承諾」上均高於女性員工（Wilks' λ = .965, F = 10.326, p < .001）。

(3)台灣企業已婚員工在「整體、內在與外在的工作滿足」及「組織承諾」上均高於未婚員工（Wilks' λ = .961, F = 11..561 p < .001）。

(4)大體而言，台灣企業員工的年齡愈大，其「整體、內在與外在的工作滿足」均愈高；「組織承諾」方面則有先隨著年齡之增大而遞增（以36至45歲為最高），然後再遞減的趨勢（Wilks' λ = .930, F = 5.052, p < .001）。

(5)擁有子女的台灣企業員工在工作滿足各因素及組織承諾上均高於無子女者（Wilks' λ = .956, F = 12.598, p < .001）。

(6)在教育程度方面，「研究所組」的整體工作滿足高於「高中高職組」；在「內在工作滿足」方面，則「研究所組」高於「大專組」（Wilks' λ = .979, F = 2.021, p < .05）。

(7)工作年資為「11年以上者」其「整體與外在工作滿足」均分別高於「4至5年者」及「6至10年者」。而在「組織承諾」方面則「11年

以上者」分別高於「2至3年者」、「4至5年者」及「6至10年者」。在「內在工作滿足」上則「11年以上者」高於「6至10年者」（Wilks' $\lambda = .941$, $F = 3.988$, $p < .001$）。

(8)工作地點屬非都會區之台灣企業員工在「整體、內在及外在工作滿足」上均高於都會區之企業員工（Wilks' $\lambda = .985$, $F = 4.415$, $p < .005$）。

表十一　不同個人背景變項之台灣地區企業員工在工作滿足各因素及組織承諾之平均分數的差異分析摘要表

個人背景變項	整體工作滿足	內在工作滿足	外在工作滿足	組織承諾
職級				
主管	4.15	12.81	11.69	14.19
部屬	3.80	11.71	10.42	12.88
	(29.67)***	(33.72)***	(42.99)***	(51.38)***
性別				
女	3.77	11.68	10.43	12.85
男	4.09	12.59	11.43	13.82
	(29.27)***	(26.73)***	(30.80)***	(31.73)***
婚姻				
未婚	3.77	11.69	10.41	12.63
已婚	4.04	12.44	11.29	13.83
	(21.31)***	(17.29)***	(23.52)***	(48.84)***

表十一（續）

年齡				
0-25	3.60abc	11.49ab	10.10abc	12.17abc
26-35	3.86d	11.86c	10.58de	13.10ad
36-45	4.14ad	12.63ac	11.63ad	14.21cd
46-55	4.14b	12.95b	11.89be	14.03b
56以上	4.28c	12.61	12.12c	13.45
	(10.34)***	(6.74)***	(11.84)***	(15.93)***
子女數				
無	3.78	11.67	10.51	12.68
有	4.07	12.59	11.35	13.94
	(22.79)***	(26.89)***	(21.35)***	(52.85)***
教育程度				
國中以下	4.06	12.90	11.03	13.61
高中、職	3.85a	12.11	10.68	13.18
大專	3.93	11.96a	10.99	13.34
研究所	4.47a	13.34a	12.26	14.08
	(3.44)*	(3.85)**	(2.28)	(1.09)
工作年資				
1年以內	4.62	14.25	11.37	15.30
2-3	3.89	11.91	10.88	12.76b
4-5	3.68a	11.70	10.35a	12.35a
6-10	3.79b	11.68a	10.46b	12.86c
11年以上	4.03ab	12.41a	11.28ab	13.93abc
	(6.06)***	(4.56)**	(4.79)***	(13.53)***
工作地點				
都會區	3.87	11.97	10.82	13.24
非都會區	4.12	12.62	11.27	13.61
	(13.00)***	(9.83)**	(4.37)*	(3.34)

註：括弧內為 F 值

$*p < 0.05$　$**p < 0.01$　$***p < 0.001$

a,b,c,d,e表示平均數差異以Scheffe法事後考驗結果達0.05顯著水準之組別

九、不同個人背景變項之大陸企業員工在工作滿足 及組織承諾上之差異

表十二顯示：

(1)大陸企業主管在「整體及外在工作滿足」與「組織承諾」上均高於企業部屬（Wilks' λ = .987, F=9.013, p<.001）。

(2)大陸企業男性與女性員工在工作滿足各因素及組織承諾上均無顯著差異（Wilks' λ = .9995, F=0.351, p>.5

(3)大陸企業員工中已婚者在「整體及外在工作滿足」與「組織承諾」上均高於未婚者（Wilks' λ = .981, F=13.594, p<.001）。

(4)在「外在工作滿足」及「組織承諾」方面，大陸企業員工有隨著年齡增大而遞增之現象；至於在「整體工作滿足」方面，「26至35歲組」高於「25歲以下組」（Wilks' λ = .975, F=4.313, p<.001）。

(5)大陸企業員工中有子女者在「整體及外在工作滿足」與「組織承諾」上均高於無子女者（Wilks' λ = .981, F=13.197, p<.001）。

(6)在教育程度方面，「國中以下組」在工作滿足各因素及組織承諾上均高於「高中高職組」；再者，「國中以下組」在「內在工作滿足」方面高於「大專組」（Wilks' λ = .990, F=2.280, p<.01）。

(7)有關工作年資方面，在「整體工作滿足」上「11年以上組」分別高於「2至3年組」及「4至5年組」，而「6至10年組」則分別高於「2至3年組」及「4至5年組」；在「外在工作滿足」上則「11年以上組」高於「2至3年組」；在「組織承諾」方面則「11年以上組」分別高於「2

至3年組」及「4至5年組」（Wilks' λ ＝.980, F＝3.442, p＜.001）。

　　(8)在「整體及外在工作滿足」與「組織承諾」上，均以北京地區之企業員工為最高，次為上海地區，而以珠江三角洲地區之企業員工為最低（Wilks' λ ＝.969, F＝10.999, p＜.001）。

表十二　不同個人背景變項之大陸地區企業員工在工作滿足各因素及組織承諾之平均分數的差異分析摘要表

個人背景變項	整體工作滿足	內在工作滿足	外在工作滿足	組織承諾
職級				
主管	4.19	12.44	11.27	56.14
部屬	4.06	12.30	10.75	54.21
	(11.47)***	(1.56)	(20.80)***	(26.08)***
性別				
女	4.08	12.29	10.85	54.59
男	4.12	12.38	10.95	54.96
	(1.28)	(0.67)	(0.83)	(1.12)
婚姻				
未婚	4.02	12.36	10.60	53.78
已婚	4.17	12.32	11.19	55.76
	(16.93)***	(0.15)	(32.16)***	(32.18)***
年齡				
0–25	4.01a	12.36	10.56abc	53.89ab
26–35	4.14a	12.37	10.96ad	55.04
36–45	4.13	12.24	11.23b	55.62a
46–55	4.17	12.08	11.68cd	56.28b
56以上	4.17	12.33	11.47	56.98
	(3.09)*	(0.54)	(10.18)***	(5.81)***

表十二（續）

子女數				
無	4.03	12.31	10.61	53.94
有	4.18	12.39	11.27	55.89
	(16.92)***	(0.57)	(40.54)***	(31.10)***
教育程度				
國中以下	4.21a	12.71ab	11.24a	55.82a
高中、職	4.04a	12.24a	10.67a	54.33a
大專	4.08	12.22b	10.93	54.62
研究所	4.22	12.72	11.00	56.86
	(4.09)*	(4.41)*	(5.12)*	(4.05)*
工作年資				
1年以內	4.11	12.63	10.92	55.16
2-3	4.02$&	12.15	10.38a	53.64a
4-5	4.01@#	12.23	10.73	53.86b
6-10	4.17@$	12.55	10.92	54.70
11年以上	4.14	12.27	11.19a	55.66ab
	(3.13)*	(2.25)	(7.79)***	(5.60)***
工作地點				
北京	4.19ab	12.23	11.18b	55.81b
上海	4.07b	12.33	11.05a	55.24a
珠江三角洲	4.01a	12.44	10.46ab	53.26ab
	(8.84)***	(1.36)	(17.96)***	(19.61)***

註：括弧內為 F 值

　　*p＜0.05　　**p＜0.01　　***p＜0.001

　　a,b,c,d 表示平均數差異以Scheffe法事後考驗結果達0.05顯著水準之組別

　　@,#,$,& 表示平均數差異以Duncan法事後考驗結果達0.05顯著水準之組別

十、個人背景變項、工作價值觀與工作滿足、組織承諾之典型相關分析

本研究除了測量受測者的「工作價值觀」分數之外，也同時測量主管與部屬在工作價值觀上的差異，其計算方式係求取主管與部屬在各項工作價值觀分數之差異的絕對值。再者，本研究為了瞭解受測者的個人背景變項及工作價值觀各項目中，何者對工作滿足及組織承諾有較高的預測力，乃進一步針對上述諸變項進行典型相關分析：

(1)**表十三**及**表十四**之典型相關分析結果顯示：台灣地區主管本身愈重視「目的性及工具性工作價值觀」各因素，則其「內在工作滿足」及「組織承諾」均愈高。再者，台灣地區企業主管的年齡愈大，及與部屬在「能力與理智」和「謙和寬容」的工作價值觀差距愈小，則其「外在工作滿足」及「組織承諾」均愈高。

表十三　台灣企業主管之個人背景變項、工作價值觀與
**　　　　內、外在工作滿足、組織承諾之典型相關分析摘要表**

典型因素	特徵值	典型相關係數	自由度	F　值
1	0.526	0.587	63	2.974***
2	0.216	0.421	40	1.858**
3	0.110	0.314	19	1.333

** p＜0.01　　***p＜0.001

表十四　台灣企業主管之個人背景變項、工作價值觀與
　　　　內、外在工作滿足、組織承諾之典型因素負荷量

變　　　項	典型因素 1	典型因素 2
預測變項		
個人背景變項		
性　　　別	−0.099	−0.061
婚　　　姻	−0.035	0.232
年　　　齡	−0.218	0.498*
子　女　數	−0.141	0.192
教育程度	−0.011	−0.031
工作年資	−0.035	0.350
工作地點	−0.163	0.046
本身工作價值觀		
內在酬償	−0.790*	−0.294
集體利益	−0.747*	0.027
外在酬償	−0.521*	−0.162
平安和諧	−0.524*	−0.247
能力與理智	−0.643*	−0.223
謙和寬容	−0.729*	−0.276
尊重傳統	−0.458*	0.028
與部屬價值觀差異		
內在酬償	0.210	−0.150
集體利益	0.046	−0.230
外在酬償	0.178	−0.111
平安和諧	0.249	−0.240
能力與理智	0.212	−0.410*
謙和寬容	0.186	−0.458*
尊重傳統	0.128	−0.025
效標變項		
內在工作滿足	−0.901*	0.212
外在工作滿足	−0.279	0.933*
組織承諾	−0.757*	0.428*

*表示典型因素負荷量絕對值大於0.4

　　(2)**表十五**及**表十六**之典型相關分析結果顯示：台灣地區企業部屬愈重視「集體利益」、「能力與理智」、「謙和寬容」、「尊重傳統」，以及部屬與主管在工作價值觀各因素上之差距愈小，則部屬之「內在與外在工作滿足」及「組織承諾」均愈高。

表十五　台灣企業部屬之個人背景變項、工作價值觀與
**　　　　內、外在工作滿足、組織承諾之典型相關分析摘要表**

典型因素	特徵值	典型相關係數	自由度	F　　值
1	0.706	0.643	63	5.271***
2	0.096	0.296	40	1.692**
3	0.061	0.240	19	1.393

**p＜0.01　　***p＜0.001

表十六　台灣企業部屬之個人背景變項、工作價值觀與內、外在工作滿足、組織承諾之典型因素負荷量

變　項	典型因素 1	典型因素 2
預測變項		
個人背景變項		
性　別	−0.246	−0.265
婚　姻	−0.201	−0.058
年　齡	−0.156	−0.211
子女數	−0.218	0.103
教育程度	0.142	−0.288
工作年資	−0.054	0.192
工作地點	−0.165	0.168
本身工作價值觀		
內在酬償	−0.366	0.432*
集體利益	−0.473*	0.343
外在酬償	−0.282	0.104
平安和諧	−0.334	0.330
能力與理智	−0.573*	0.362
謙和寬容	−0.509*	0.291
尊重傳統	−0.560*	0.251
與主管價值觀差異		
內在酬償	0.663*	0.182
集體利益	0.519*	0.358
外在酬償	0.427*	0.456*
平安和諧	0.502*	0.428*
能力與理智	0.548*	0.388
謙和寬容	0.633*	0.296
尊重傳統	0.519*	0.122
效標變項		
內在工作滿足	−0.894*	0.092
外在工作滿足	−0.498*	−0.858*
組織承諾	−0.800*	−0.212

*表示典型因素負荷量絕對值大於0.4

　　(3)**表十七**及**表十八**之典型相關分析結果顯示：大陸企業主管愈重視「集體利益」、「能力與理智」、「謙和寬容」、「尊重傳統」，以及主管與部屬在「內在酬償」、「能力與理智」、「謙和寬容」等工作價值觀因素上之差距愈小，則主管之「內在與外在工作滿足」及「組織承諾」均愈高。

　　表十七　**大陸企業主管之個人背景變項、工作價值觀與**
　　　　　　　內、外在工作滿足、組織承諾之典型相關分析摘要表

典型因素	特徵值	典型相關係數	自由度	F　值
1	0.325	0.495	60	5.169***
2	0.070	0.256	38	2.331***
3	0.052	0.222	18	2.093**

**p＜0.01　　***p＜0.001

表十八　大陸企業主管之個人背景變項、工作價值觀與內、外在工作
　　　　滿足、組織承諾之典型因素負荷量

變　項	典型因素 1	典型因素 2
預測變項		
個人背景變項		
性　　別	−0.082	−0.200
婚　　姻	−0.190	−0.600*
年　　齡	−0.173	−0.643*
子 女 數	−0.165	−0.523*
教育程度	0.089	0.096
工作年資	−0.087	−0.602*
本身工作價值觀		
內在酬償	−0.341	0.524*
集體利益	−0.557*	−0.091
外在酬償	−0.153	0.222
平安和諧	−0.147	0.286
能力與理智	−0.633*	0.301
謙和寬容	−0.587*	0.300
尊重傳統	−0.674*	−0.059
與部屬價值觀差異		
內在酬償	0.428*	−0.198
集體利益	0.205	−0.256
外在酬償	−0.007	−0.199
平安和諧	0.298	−0.037
能力與理智	0.510*	−0.083
謙和寬容	0.414*	0.012
尊重傳統	0.177	0.059
效標變項		
內在工作滿足	−0.724*	0.477*
外在工作滿足	−0.732*	−0.536*
組織承諾	−0.941*	−0.016

*表示典型因素負荷量絕對值大於0.4

　　⑷**表十九**及**表二十**之典型相關分析結果顯示：大陸企業部屬愈重視「集體利益」、「能力與理智」、「謙和寬容」、「尊重傳統」，以及部屬與主管在「內在酬償」、「集體利益」、「平安和諧」、「能力與理智」、「謙和寬容」等工作價值觀上之差距愈小，則部屬之「內、外在工作滿足」及「組織承諾」均愈高。

表十九　大陸企業部屬之個人背景變項、工作價值觀與內、外在工作滿足、組織承諾之典型相關分析摘要表

典型因素	特徵值	典型相關係數	自由度	F 值
1	0.421	0.544	60	12.602***
2	0.050	0.219	38	3.246***
3	0.024	0.153	18	2.223**

**p＜0.01　　***p＜0.001

表二十　大陸企業部屬之個人背景變項、工作價值觀與內、外在工作
滿足、組織承諾之典型因素負荷量

變　項	典型因素 I
預測變項	
個人背景變項	
性　別	0.037
婚　姻	−0.111
年　齡	−0.030
子女數	−0.146
教育程度	0.102
工作年資	−0.036
本身工作價值觀	
內在酬償	−0.329
集體利益	−0.553*
外在酬償	−0.194
平安和諧	−0.170
能力與理智	−0.538*
謙和寬容	−0.527*
尊重傳統	−0.575*
與主管價值觀差異	
內在酬償	0.520*
集體利益	0.430*
外在酬償	0.307
平安和諧	0.529*
能力與理智	0.560*
謙和寬容	0.598*
尊重傳統	0.364
效標變項	
內在工作滿足	−0.769*
外在工作滿足	−0.728*
組織承諾	−0.897*

*表示典型因素負荷量絕對值大於0.4

討論與建議

　　在本節中，筆者將針對本研究之主要發現及其在實務上之重要含義加以討論，並提出建議：

　　（一）首先，本研究的第一個重要發現是台灣與大陸企業員工對「目的性工作價值觀」各項目的重視順序大致上差異不大。若以「目的性工作價值觀」的四個因素而言，則海峽兩岸員工都最重視「平安和諧」（包含「生活的安定與保障」及「和諧的人際關係」二項），其次是「內在酬償」（包含「自尊心」、「成就感」、「獨立自主」、「符合個人興趣」……等），接著是「集體利益」（包含「國家民族的發展」及「服務社會」），而受重視程度最低的則是「外在酬償」（包含「財富」、「權勢」及「名望與社會地位」）。上述研究結果與曹國雄（1993）的研究發現相似。

　　「平安和諧」最受重視的現象可能反映出海峽兩岸企業員工深受傳統中國文化所強調的「安」（即生活平安）及「和」（即人際關係和諧）之價值觀的影響（林天德，1992; 楊國樞，1993）。此外，它也可能反映出：(1)就台灣企業員工而言，面對當前台灣社會之激烈生存競爭，房地價格狂飆，以及暴戾之氣充斥的現象，他們無不渴求「生活安定」及「人際和諧」；(2)就大陸企業員工而言，相對於其父母或本人所經歷過的「文化大革命」、「六四事件」等政治動亂，以及以往的經

濟匱乏，近幾年的改革開放所帶來的物質生活改善及政治相對穩定使得他們益加珍惜「安定」及「和諧」。

　　其次，工作的「內在酬償」受到海峽兩岸企業員工的重視程度均高（尤其是「自尊心」一項最受大陸員工重視），而且教育程度愈高者及年紀愈輕者對「內在酬償」均愈重視（請參考**表八**及**表九**），此一結果與王叢桂（1992）及黃同圳（1993）的研究發現一致，而且頗值得企業管理當局予以重視。企業負責人可以透過實施參與管理（如品管圈），以及良好的工作設計（如自主性工作團隊或工作豐富化等措施）來增進工作的內在酬償，以提高企業員工的工作滿足感及工作績效（Robbins, 1993）。

　　再者，「集體利益」受海峽兩岸企業員工重視之程度相對偏低。其原因可能是：(1)就台灣企業員工而言，近年來急劇的現代化歷程（包括政治的開放及經濟的發展），使得台灣居民的「社會取向」強度逐漸減弱，而「個我取向」強度逐漸加強（楊國樞，1993），因而顯示出台灣企業員工相對地較重視「個人工作的內在酬償」，而較不重視「國家與社會的集體利益」。(2)就大陸企業員工而言，也有類似的趨勢發生。尤其本研究之大陸地區樣本為三資企業員工，其工作地點均位於經濟較繁榮、與海外接觸較多、及開放較早的地區（即北京、上海、珠江三角洲），因而相對於大陸其他地區之居民而言，這些員工是屬於教育程度及現代化程度均較高的一群（請參考本文之「研究方法」中之大陸樣本特徵描述），因此他們相對地較重視「個人工作的內在酬償」，而較不重視「集體利益」。此外，「集體利益」之受重視程度偏低亦反

映出毛澤東的「為人民服務」的口號並未深植於大陸三資企業員工的心田中。

　　至於「外在酬償」受海峽兩岸企業員工之重視程度均最低，而「外在酬償」中的「財富」（經濟報酬）一項之受重視程度在兩岸皆位居第11，屬於中下程度。此一結果與曹國雄（1993）針對台灣企業員工所做的研究發現相類似。然而，陳森壬及黃國隆（1982）針對台灣南部中小企業員工所做的調查卻發現「薪資」是中小企業員工在工作上最重視的目標。這些研究結果的差異值得吾人進一步去探討。此外，「外在酬償」中的「名望與社會地位」及「權勢」二項受海峽兩岸企業員工之重視程度均最低。上述之研究發現似乎與我們對「一般中國人相當重視升官發財及追求功名富貴」（文崇一，1988）的認知不一致。一種可能的解釋是：受訪者填答問卷的「外在酬償」項目時，受到「社會贊許」（social desirability）的影響而沒有真實回答，亦即受訪者在填答「外在酬償」的項目時所表現出的「公我」（public self，即演給別人看的或是迎合別人期望的自己）與「私我」（private self，即真情表露的真我）不一致（楊中芳，1993；楊國樞，1993），以避免被別人批評過於「功利」。

　　（二）本研究的第二個主要發現是，台灣與大陸企業員工對「工具性工作價值觀」各項目的重視順序整體上也差異不大。就台灣企業員工而言，最受重視的前五項是「負責任」、「信用」、「效率」、「團結合作」、「知恥」，而在大陸員工方面則以「信用」、「負責任」、「忠誠」、「效率」、「團結合作」等五項最受重視。至於「節儉」、「尊重傳

統」、「尊卑有序」等則皆被兩岸員工列爲重視程度最低的項目。若針對「工具性工作價值觀」的三個因素來看，兩岸員工皆最重視「能力與理智」，接著才是「謙和寬容」，而對「尊重傳統」之重視程度最低。

上述之研究結果顯示出，面對當前工商社會之優勢劣敗，爲了追求個人在事業上的成就，以及任職機構的永續發展，兩岸企業員工已能深切體認到「負責、信用、效率、團結合作」等工作價值觀之重要性。反之，「尊卑有序、節儉、尊重傳統」等傳統性工作價值觀則相對地較不受重視。

另外值得一提的是，「學識」一項受台灣企業員工重視之順序居「工具性工作價值觀」中的倒數第三位，其受重視程度亦顯著地低於大陸企業員工（請參考**表三**及**表四**）。此一結果似乎顯示，由於大陸的改革開放比台灣來得晚，受現代化的衝擊程度也比台灣低，因而大陸企業員工所持有的「萬般皆下品，唯有讀書高」的傳統觀念較濃，對「學識」的重視程度也較高。

（三）就本研究所調查的各項工作價值觀之內容而言，其意義絕大部份均屬積極與正面之性質。而本研究發現，不論在目的性或工具性工作價值觀方面，台灣企業員工對大部份的項目之重視程度均高於大陸三資企業員工。筆者認爲此一結果可能有助於台灣在企業經營的績效，甚至於社會經濟的發展上繼續領先大陸（至少在短期內）。

至於對「國家民族的發展」方面，大陸企業員工的重視程度在統計上顯著地高於台灣企業員工。它可能反映出，由於多年來中國大陸在政治教育與宣傳上強調「民族自尊」、「國家至上」等觀念，使得大

陸企業員工對國家民族之發展的關心，及對國家認同的程度上要高於身處當前「統獨爭議」環境中的台灣企業員工。

　　（四）關於企業主管與部屬在工作價值觀的差異方面，本研究發現，不管在台灣或大陸，在「節儉」、「毅力」、「團結合作」、「求新求變」等項目上主管均比部屬重視。再者，就整體而言，兩岸主管均比部屬重視「能力與理智」的因素。上述之差異也許說明了主管之所以能受到企業負責人的欣賞而加以提拔的原因。再者，兩岸的主管在工作滿足與組織承諾上均分別高於其部屬。此外，本研究更重要的發現是，不管是在台灣或大陸，企業主管與其部屬的工作價值觀差距愈大，則部屬的「內在及外在工作滿足」及「組織承諾」均愈低（**請參考表十六及表二十**之典型相關分析結果）。此一現象頗值得吾人重視與警惕。因為根據國內外最近的許多實證研究顯示，一個組織中其成員之間價值觀的一致性對成員行為有相當影響。例如丁虹於1987年的研究發現，企業內成員的價值與信念愈一致，則成員對該企業的承諾感愈高；鄭伯壎於1992年的研究顯示，當員工個人與企業最高主管在內部整合價值觀差距愈大時，則員工個人對企業的承諾感、利他行為及順從行為都愈低；筆者於1992年的研究發現，員工個人與公司彼此對組織價值觀的重視程度愈一致，則員工對公司的認同與投入程度愈高，離職意願愈低。范惠珠（1993）亦發現：管理人員的個人價值與公司價值之間的差距愈大，其組織承諾及工作滿足均愈低，而工作壓力則愈大。

　　至於如何才能有效減低企業主管與所屬員工之工作價值觀不一致

的現象呢？首先，筆者認為在招募與甄選新進員工時，應審慎考慮多錄取能適合企業工作價值觀的員工；其次，主管應不斷透過各種典禮儀式及教育訓練來對員工灌輸企業的主要價值觀；最後，也是最重要的，乃是主管本人應以身作則，言行一致，確實依其理想的價值觀而行事。並且經常與部屬從事有效溝通，細心體察時代脈動的變遷，深入了解員工的心態，如此才能使企業與員工的工作價值觀趨於一致，進而提高員工的工作滿足感、對企業的承諾感、以及工作績效。

　　（五）本研究發現，大陸地區之三資企業員工在「整體工作滿足」及「內在工作滿足」程度上顯著地高於台灣企業員工。造成這些差異的可能原因是，由於大陸近年來逐漸引入西方資本主義的市場經濟制度，國民經濟成長迅速，企業員工目前的生活水平比過去提高不少，工作條件比以往改善許多，員工也可以在工作上學習到一些較新的事物（尤其是北京、上海、珠江三角洲等地區的三資企業員工）。和台灣相較之下，大陸員工在心理上覺得工作生活的改善幅度較大。因此，大陸員工對目前的「整體工作滿足」及「內在工作滿足」均高於經濟生活水平較高的台灣員工。再者，本研究發現大陸三資企業員工對「整體的目的性工作價值觀」及工作的「內在酬償」之重視程度均較台灣員工低，因而對「整體工作」及工作的「內在酬償」方面自然比台灣員工易於滿足。

　　有關「工作滿足」的研究多年來一直是中外學者所熱衷的課題（黃國隆，1984）。陳森壬及黃國隆（1982）曾指出，企業員工工作滿足的高低不僅可當為員工工作生活品質的指標，更可當為組織病態現象（如

曠職、怠工）的早期警戒信號。Robbins（1993）曾提出下列激勵要領，以供管理者用來提高員工的工作滿足及工作績效時的參考：(1) 瞭解員工的個別差異（包括性格、需求、能力……），使工作特性能充分配合員工的個人需求。(2) 給予員工明確、其能力所及的困難目標，並適時提供具體的績效回饋。(3) 讓員工參與對他們有影響的決策，諸如工作時制、工作目標、福利項目…等的設定。(4) 讓員工認清工作績效與酬賞之間的明確關係，使員工願意努力工作以獲取預期的報償。(5)建立公平良好的考績和薪酬制度，以達到「激勵員工潛能，提升工作滿足及績效」的目標。

　　（六）最後，筆者願提出本論文在研究方法方面所受之限制及其改進之建議，以供日後相關研究之參考：(1)本研究之大陸樣本為北京、上海、珠江三角洲之三資企業員工，他們的工作條件、教育程度、所獲薪酬等可能比大陸上其他類別的就業者（如國營企業員工、軍公教人員……）或農民高出許多，因此若以大陸三資企業員工為研究對象所得的結果來推論一般大陸百姓的工作價值觀恐怕會有偏差，因此筆者建議可進一步針對大陸的其他類別樣本進行類似的大規模研究，以供對照比較。(2)由於大陸地區一般三資企業對於大陸籍員工之管理較為嚴格，而且「工作價值觀」這類企業性調查在大陸地區尚不多見，有些三資企業還明文規定員工不得接受任何訪問，甚至有些受訪者因為填答了本研究問卷而差點被開除，因此造成訪問進行的困難。上述困難尚需要等待日後大陸更加開放之後才易克服。(3)本研究所採用之「工作價值觀」問卷係參考王叢桂（1992）所編的量表。它是針對1967、

1977、1987三個世代台灣的大學畢業生進行訪談之結果所編製而成。此一量表內容是否能適用於一般非大學畢業生則有待進一步檢驗。不過本研究之台灣樣本中大專學歷者佔55.4%，高中（職）畢業者佔33.5%；大陸樣本中大專學歷者佔42.7%，高中、中專者佔35.5%。因此筆者認為王叢桂所編之工作價值觀量表在本研究之適用性問題不大，而且在本研究之預試過程中亦發現沒什麼困難。

註譯

(1)本研究承蒙財團法人信義文化基金會補助研究經費，謹此致謝。

參考文獻

文崇一（1988）：〈中國人的富貴與命運〉。見文崇一、蕭新煌主編：《中國人──觀念與行為》。（頁25-42）。台北：巨流圖書公司。

文崇一（1989）：《中國人的價值觀》。台北：東大圖書公司。

王永慶（1984）：〈開發腦力，追根究底〉。《中國式管理》。台北：時報出版公司，頁15-17。

王叢桂（1992）：〈社會轉型中各世代的工作價值變遷〉。國科會研究專題報告。

王叢桂、羅國英（1990）：〈中油公司各級員工對公司各項士氣激勵方案的評估與改進建議〉。中國石油公司專題研究計劃。

朱謙等（1993）：〈中國大陸當前文化觀念之測察研究報告〉。美國夏

威夷東西文化中心。

何國全 (1994)：〈大陸員工價值觀與台商管理行為的互動——地區次文化差異研究〉。政大企研所未出版碩士論文。

朴英培 (1988)：〈工作價值觀、領導型態、工作滿足與組織承諾關係之研究——以韓國電子業為例〉。政大企研所未出版博士論文。

杜念中、楊君實 (1989)：《儒家倫理與經濟發展》。台北：允晨文化公司。

林天德 (1993)：《台灣人，別再隨緣認命》。台北：遠流出版出司。

邱淑媛 (1993)：〈工作價值觀對工作態度及工作表現的影響〉。中原企研所未出版碩士論文。

夏林清、游慧卿 (1983)：〈工作價值觀問卷介紹與初步修訂報告〉。《測驗與輔導》，260，1030-1036。

陳森王、黃國隆 (1982)：〈員工個人屬性、需求層次、工作特性與工作滿足的關係〉。國立政治大學《管理評論》，1，18-38。

戚樹誠 (1993)：〈企管碩士創業傾向之實證研究〉。Working Paper。

范惠珠 (1993)：〈共享價值對管理人員工作適應之影響研究〉。中原大學企研所未出版碩士論文。

黃光國 (1984)：〈儒家倫理與企業組織型態〉。《中國式管理研討會論文集》。台北：時報出版公司，頁21-55。

黃同圳 (1993)：〈青年勞工工作價值觀與組織向心力之研究〉。青輔會專題研究報告。

黃進興(1987)：〈迷思或事實：儒家倫理與經濟發展〉。《中國時報》，

　　12月19日。

黃國隆（1984）：〈我國組織中員工之工作滿足〉。《中國式管理研討會論文集》，頁336-354。台北：時報出版公司。

黃國隆（1986）：〈中學教師的組織承諾與專業承諾〉。《國立政治大學學報》，五十三期，頁55-84。

黃國隆（1992）：〈資訊科技與組織價值觀〉。國科會專題研究報告。

翁淑緣（1984）：〈台灣北部地區大學生的價值觀念與生活型態的研究〉。《教育與心理研究》，六期，95-116。

曹國雄（1993）：〈價值配合程度對工作態度與工作表現的影響〉。《中原學報》，22，138-153。

楊中芳（1993）：〈試論如何研究中國人的性格〉。見楊國樞、余安邦主編：《中國人的心理與行為——理念與方法篇（1992）》，頁319-439。

楊國樞（1988）：《中國人的蛻變》。台北：桂冠圖書公司。

楊國樞（1993）：〈中國人的社會取向〉。見楊國樞、余安邦主編：《中國人的心理與行為——理念與方法篇》（1992），頁87-142。

楊國樞、鄭伯壎（1987）：〈傳統價值觀、個人現代性及組織行為：後儒家假設的一項微觀驗證〉。《中央研究院民族學研究所集刊》，第64期，頁1-49。

鄭伯壎（1985）：〈工作取向領導行為與部屬工作績效；補足模式及其驗證〉。國立台灣大學心理學研究所博士論文。

劉兆明。（1991）。〈報與工作動機：基礎理論之建立〉。國科會研究專

題計劃草案。

Blood, M. R.(1969). Work values and job satisfaction. *Journal of Applied Psychology*, 53, 456-459.

Crain, R. D.(1974). The effect of work values on the relationship between job characteristics and job satisfaction, unpublished dissertation, Bowling Green State University (University Microfilms International, Ann Arbor, Michigan, U.S.A., 1984).

Domino, G., & Hannah, M.T.(1987). A comparative analysis of social values of Chinese and American children. *Journal of Cross-Cultural Psychology*, 181, 58-77.

Hollander, E.P.(1971). *Principles and methods of social psychology*(2nd edition). New York:Oxford University Press.

Kalleberg, A.L.(1977). Work values and job rewards: A theory of job satisfaction. *American Sociological Review*, 42, 124-143.

Kidron, A.(1978).Work values and organizational commitment, *Academy of Management Journal*, 21(2), 239-247.

Kluckhohn, C.(1962). Values and value-orientations in the theory of action: an exploration in definition and classification,in:T. Parsons & E. Shils(eds.) *Toward a general theory of action*. N. Y.: Harper.

Kluckhohn, F.R., & Strodtbeck, F.L.(1961). *Variations in value orientations*. Evanston, Ill.: Row Peterson.

Locke, E.A., & Henne, D.(1986). Work motivation theories. In C. L.

Cooper & I. Robertson (eds.), *International review of I/O psychology.* Chapter 1, 1-35.

Macnab, D., & Fitzsimmons, G.W.(1987). A multitrait-multimethod study of work-related needs, value, and preferences. *Journal of Vocational Behavior, 30,* 1-15.

Orpen, C.(1978). The work values of western and tribal black employees. *Journal of Cross-Cutural Psychology, 9*(1), 99-112.

Poter, L.W., Steer, R.M., Mowday, R.T., & Boulian, P.V.(1974). Organizational commitment, job satisfaction and turnover among psychiatric technicians. *Journal of Applied Psychology, 19,* 475-479.

Robbins S.P.(1993). *Organizational behavior: Concepts, controversies and applications,* 6th edition.Englewood Cliffs ,N.J.:Prentice-Hall.

Steers, R.M., & Porter, L.W.(1991). *Motivation and work behavior*(5th edition).Singapore: McGraw-Hill.

Super, D.E.(1970). *Manual of work values inventory.* Chicago: Riverside.

Super, D.E.(1980). A life span, life space approach to career development. *Journal of Vocational Behavior, 16*(30), 282-298.

Tagiuri, R.(1967). Purchasing executive: general manager or specialist? *Journal of Purchasing,* August 1967, 16-21.

Vanus, D.& McAllister, I.(1991). Gender and work orientation. *Work and Occupations, 18*(1), 72-93.

Wexley, K. N.,& Yukl, G.A.(1977). *Organizational behavior and personnel psycholohy*. Homewood, Ill.: Richard D. Irwin, Inc.

工作價值觀與領導行為對員工效能的影響

黃國隆

台灣大學商學研究所

蔡啓通

銘傳大學企業管理學系

〈摘要〉

　　本研究的主要目的是想探討「企業主管與員工的工作價值觀一致性」及「主管的領導行爲」對員工的工作壓力、組織承諾及組織公民行爲的影響。其次，本研究亦欲瞭解部屬的工作壓力是否會對「企業主管的領導行爲與部屬效能（組織承諾及組織公民行爲）的關係」產生干擾效果。

　　本研究之受測對象爲台灣地區44家民營企業之604位員工，實得有效問卷485份。本研究之結果發現：(1)就「目的性工作價值觀」而言，台灣民營企業員工最重視的是的是「平安和諧」（包括「和諧的人際關係」及「生活的安定與保障」），其次是「內在酬償」（包括「自我成長」、「成就感」、「發揮個人專長」、「自尊心」……等項目），接著是「集體利益」（包括「服務社會」與「國家民族的發展」）及「外在酬償」（包括「財富」、「權勢」、「名望與社會地位」）。(2)就「工具性工作價值觀」而言，台灣民營企業員工最重要的是「能力與理智」（包括「負責任」、「信用」、「有禮貌」、「謙虛」……等），而最不受重視的則是「尊卑有序」、「節儉」、及「尊重傳統」等三項。(3)民營企業員工若愈重視「目的性與工具性之工作價值觀」，則其對公司的承諾感愈高，也愈積極表現出組織公民行爲。其次，當員工與其主管之工作價值觀的差距愈大（或愈不一致）時，員工之工作壓力愈大，而其組織承諾及組織公民行爲則均愈低。(4)企業主管之領導行爲愈重視體恤因素，則部屬之組織承諾愈高，也愈積極表現組織公民行爲。再者，企業主管領導行爲的結構因素與組織公民行爲有顯著正相關，但與組織承諾的相關不顯著。其次，主

管的體恤因素比結構因素對組織承諾與組織公民行為的預測力較高。(5)部屬的工作壓力不會對「主管之領導行為與部屬之組織承諾的關係」產生干擾效果。但是，部屬的工作壓力卻會對「主管之領導行為與部屬之組織公民行為的關係」產生顯著干擾效果。再者，部屬工作壓力的干擾效果主要是發生在「主管之結構因素與部屬之組織公民行為的關係」上，而部屬之工作壓力對「主管之體恤因素與部屬之組織公民行為的關係」之干擾效果則不顯著。

緒　論

　　四十多年來台灣地區經歷了快速的社會變遷，整個社會由傳統農業社會轉變爲現代工業社會。由於民生經濟蓬勃發展，國民所得日益提高，台灣地區一般民眾的物質生活品質已有了相當的改善。再者，伴隨著經濟型態及社會結構的快速變遷，台灣地區民眾的性格與價值觀也跟著產生了相當程度的變化（楊國樞，1988）。從人力資源管理的角度觀之，吾人若能深入了解台灣地區企業員工的工作價值觀現況及其變遷趨勢，將有助於各項人力資源管理活動（如員工的甄選、訓練、激勵、生涯發展、勞資關係……等）的順利運作，進而提昇人力資源的素質。

　　價值觀（value）是一種抽象的概念。Rokeach（1973）定義價值觀爲：「一種持久的信念（an enduring belief），此一信念認爲，就個人或社會而言，某一特定的行爲模式（mode of conduct）或存在的終極狀態（end-state of existence）優於另一個相對的行爲模式或存在的終極狀態」。例如，某人認爲勤勞比懶惰好，和平比戰亂好，以及健康比金錢重要，這些都代表此人的價值觀。Rokeach曾將價值觀分成兩大類，其中一類是與個體追求之目的有關的「目的性價值觀」（如成就感、舒適的生活……等），另一類是與個人行爲模式有關之「工具性價值觀」（如負責、獨立……等）。Rokeach認爲價值觀具有引導個體行爲、幫

助個體作決定與解決衝突以及激勵個體達成自我實現等功能（翁淑緣，1984）。Kluckhohn（1962）指出我們可以從行動的目的，行為的方式，以及慾望等來了解人類的價值觀。文崇一（1989）則認為價值觀是文化環境下的產物。但是，反過來說，價值觀也會形成一種文化類型，其間關係十分密切而不易釐清。

　　在組織行為與生涯輔導的學術領域中，工作價值觀（work value）是學者們所重視的研究課題之一（王叢桂，1993）。Kalleberg（1977）將工作價值觀定義為「個體自工作有關的活動中想得到的事物」。Super（1970）認為工作價值觀是個人所追求的與工作有關之目標，亦即是個人的內在所需求的及在從事活動時所追求的工作特質或屬性。吳聰賢（1983）則認為工作價值觀是針對某一特定工作所反應之價值取向。工作所具有的意義，以及與工作相關之規範、道德倫理及行為準則等皆是工作價值觀的表徵概念。

　　Super（1980）曾指出，工作價值觀是影響個體的職業選擇與生涯規畫的主要因素。Locke及Henne（1986）則認為個人的工作價值觀會影響其工作意願或目標，並進而影響其努力程度與工作表現（劉兆明，1992）。此外，朴英培（1988）及邱淑媛（1993）的研究均顯示：員工的工作價值觀分別與其工作滿足、組織承諾及工作投入等有高度的相關性存在。再者，王芝（1993）的研究亦發現員工個人的工作價值觀會影響其離職行為。王叢桂（1992）也指出，許多社會、政治及經濟學者認為工作價值觀乃是促進社會經濟結構變遷的重要因素。再者，工作價值觀也受社經結構與生活型態的影響。

　　王叢桂（1993）曾根據Rokeach的價值觀分類概念，編製了一份中文的「工作價值觀量表」。他的研究結果發現：不同世代的台灣地區大學畢業生在「工作目的性價值觀」（如財富、自我成長、和諧的人際關係……等）與「工作手段性價值觀」（如勤勞、負責任、效率……等）上有差異存在。剛就業時，年青世代比年長世代重視「內在酬償」與「外在酬償」之工作目的性價值觀，也較爲重視「弘毅與才幹」及「謙和寬容」的工作手段性價值觀。就業多年後，年長世代比年輕世代重視「集體利益」的工作目的性價值觀，且較爲重視「安分守禮」及「正義與自律」的工作手段性價值觀。王叢桂認爲這些差異主要是由於個人成長之重要階段的社會規範、工作中的人際互動、及個人所處的生涯發展階段等不同因素所造成（王叢桂，1993）。

　　Berger（1983）認爲「世俗化儒家倫理」（一般老百姓在日常生活中所遵循之儒家倫理）乃是近年來東亞各國經濟快速發展的動力性因素。這種「世俗化儒家倫理」包含了一套引發人民努力工作的信仰與價值，一種對家庭幾乎沒有保留的奉獻，以及重視紀律和節儉的規範（黃光國，1984）。黃光國的研究結果（1984）則對此一論點提出質疑。香港大學的學者（The Chinese Culture Connection, 1987）以22個國家及地區之大學生爲研究對象，研究結果發現港、台、日、南韓等受儒家文化影響較深地區之受測者較重視「儒家工作動力價值」（Confucian work dynamism）；此外，這個研究亦發現愈重視「儒家工作動力價值」之國家及地區其GNP愈高。再者，此一工作價值觀與其他類似西方社會的工作價值觀無關聯存在（王叢桂，1993）。

最近黃國隆（1995）完成了一篇「台灣與大陸企業員工工作價值觀之比較」的研究，其研究對象為台灣地區民營企業之主管及部屬共1211人，以及大陸北京、上海、珠江三角洲等三個地區的三資（合資、合作、獨資）企業之大陸籍主管及部屬共3030人。此研究之主要發現如下：㈠台灣與大陸企業員工對「目的性工作價值觀」各項目的重視順序大致差異不大。若以「目的性工作價值觀」的四個因素而言，則海峽兩岸員工都最重視「平安和諧」（包含「生活的安定與保障」及「和諧的人際關係」二項），其次是「內在酬償」（包含「自尊心」、「成就感」、「獨立自主」、「符合個人興趣」……等），接著是「集體利益」（包含「國家民族的發展」及「服務社會」）；受重視程度最低的則是「外在酬償」（包含「財富」、「權勢」及「名望與社會地位」）。㈡台灣與大陸企業員工對「工具性工作價值觀」各項目的重視順序也差異不大。就台灣企業員工而言，最受重視的前五項是「負責任」、「信用」、「效率」、「團結合作」、「知恥」，而在大陸員工方面則以「信用」、「負責任」、「忠誠」、「效率」及「團結合作」等五項最受重視。至於「節儉」、「尊重傳統」、「尊卑有序」等皆被兩岸員工列為重視程度最低的項目。㈢不管在台灣或大陸，在「節儉」、「毅力」、「團結合作」、「求新求變」等項目及「能力與理智」之因素上主管均比部屬重視。再者，兩岸的主管在工作滿足與組織承諾上均分別高於其部屬。此外，企業主管與其部屬的工作價值觀差距愈大，則部屬的「內在及外在工作滿足」及「組織承諾」均愈低。

國內外最近的許多實證研究也顯示，一個組織中其成員之間價值

觀的一致性對成員效能 (effectiveness) 有相當的影響。例如丁虹 (1987) 的研究發現，企業內成員的價值觀與信念愈一致，則成員對該企業的承諾感愈高；鄭伯壎 (1992) 的研究顯示，當員工個人與企業最高主管在內部整合價值觀差距愈大時，則員工個人對企業的承諾感、利他行為及順從行為都愈低；黃國隆 (1992) 的研究也發現，員工個人與公司彼此對組織價值觀的重視程度愈一致，則員工對公司的認同與投入程度愈高，離職意願愈低。范惠珠 (1993) 的研究亦獲得類似結果，即管理人員與公司之間的價值觀差距愈大，則管理人員的工作壓力愈大，工作滿足及組織承諾均愈低。

本研究的主要目的之一是想進一步探討「企業主管與員工的工作價值觀一致性」對員工的工作壓力 (work stress)、組織承諾 (organizational commitment) 及組織公民行為 (organizational citizenship behavior) 的影響。

本研究的另一個目的是想探討「企業主管的領導行為對員工效能的影響」。多年以來「領導行為」一直是組織行為學者所熱衷研究的課題。1950年左右美國俄亥俄州州立大學的研究人員曾針對各種領導行為詳加分析，研究結果發現領導行為主要包含兩個因素 (或向度)，一為體恤因素 (consideration)，一為結構因素 (initiating structure)，而且這兩個因素是互相獨立的 (Fleishman, 1953)。重視體恤的領導者能以尊重、信賴、支持及關懷的態度來對待部屬，能察覺部屬的需要，允許部屬參與決策，並採用雙向的溝通方式，與部屬建立溫暖而和諧的關係。此種行為有的學者又稱為員工取向 (employee-oriented) 或人

際關係取向（human-relation-oriented）的領導行為。而重視結構因素的領導者，則能嚴格地界定團體成員在工作中所扮演的角色與彼此間的工作關係，能善加組織團體的活動，認真要求成員遵守組織的工作規範，更能促使全體成員努力達成組織目標。此種行為又可稱為工作取向（job-oriented）或任務取向（task-oriented）的領導行為。

　　以往已有很多研究顯示，主管的領導行為對其部屬的工作效能有重大的影響（Robbins, 1996）。衡量員工效能的指標有許多種，如生產力、曠職率、工作滿足、組織承諾、組織公民行為……等。本研究擬以組織承諾及組織公民行為當為衡量員工效能的兩種指標。組織承諾係指「個人對特定組織的認同（identification）與投入（involvement）的程度」。組織承諾感強烈的成員會對組織表現出下列三種傾向：(1)堅定地信仰與接受組織的目標與價值；(2)願意為組織付出更多的心力；(3)渴望繼續成為組織的一份子（Porter, Steers, Mowday & Boulian, 1974）。組織公民行為則指「組織的正式酬賞制度並未直接承認，但整體而言有益於組織運作成效的各種行為。此類行為通常未涵蓋於員工的角色要求或工作說明書中，員工可自行取捨」。例如協助同事、不生事爭利、公私分明、敬業守法……等皆屬之（Organ, 1988；林淑姬，1992）。

　　有關領導行為對組織承諾的影響方面，國內許多研究均發現主管的領導行為若愈重視「人際取向」（即體恤因素），則部屬對組織的承諾感愈高。再者，主管若愈重視「工作取向」（即結構因素）的領導行為，則部屬的組織承諾亦愈高（黃開義，1984；鄭得臣，1985；黃國

隆，1986；李秀嬌，1986；朴英培，1988）。此外，黃開義、黃國隆、
李秀嬌、朴英培等人的研究均發現，在他們所探討的預測變項中，以
「人際取向」對組織承諾的預測力最大。至於主管之領導行為對員工
之組織公民行為的影響方面，Smith等人（1982）的研究顯示，主管的
體恤行為對員工之組織公民行為的兩個構面（盡職行為及利他行為）
均有顯著的影響力。此外，Farh等人（1990）及Podsakoff等人（1990）
皆發現主管的公平行為（包括獎勵員工績效、體恤支持）對員工的利
他行為有明顯的影響力（林淑姬，1992）。

　　鄭伯壎（1990）曾指出，主管的領導行為與部屬效能的關係會受
部屬工作壓力（如工作負荷、角色混淆、角色衝突）的影響。當部屬
的工作壓力大而心理上容易產生挫折感時，領導者的人際取向行為（亦
即重視體恤）可以降低工作的負面性質，減少部屬的挫折感，進而增
進部屬的工作效能。而當部屬的工作壓力小時，即使領導者的人際取
向行為降低，部屬仍然會從工作中獲得成就感或其他正面情緒感受，
而不致減低部屬的工作效能。至於工作壓力對「工作取向領導行為與
部屬效能之關係」的干擾效果則可能較小。

　　本研究想進一步探討企業主管之領導行為對組織承諾及組織公民
行為的影響。再者，本研究亦想實際驗證部屬的工作壓力是否會對「企
業主管的領導行為與部屬效能（組織承諾及組織公民行為）的關係」
產生干擾效果。

　　本研究各變項之間的關係請參閱圖一之研究架構。

圖一　本研究之研究架構

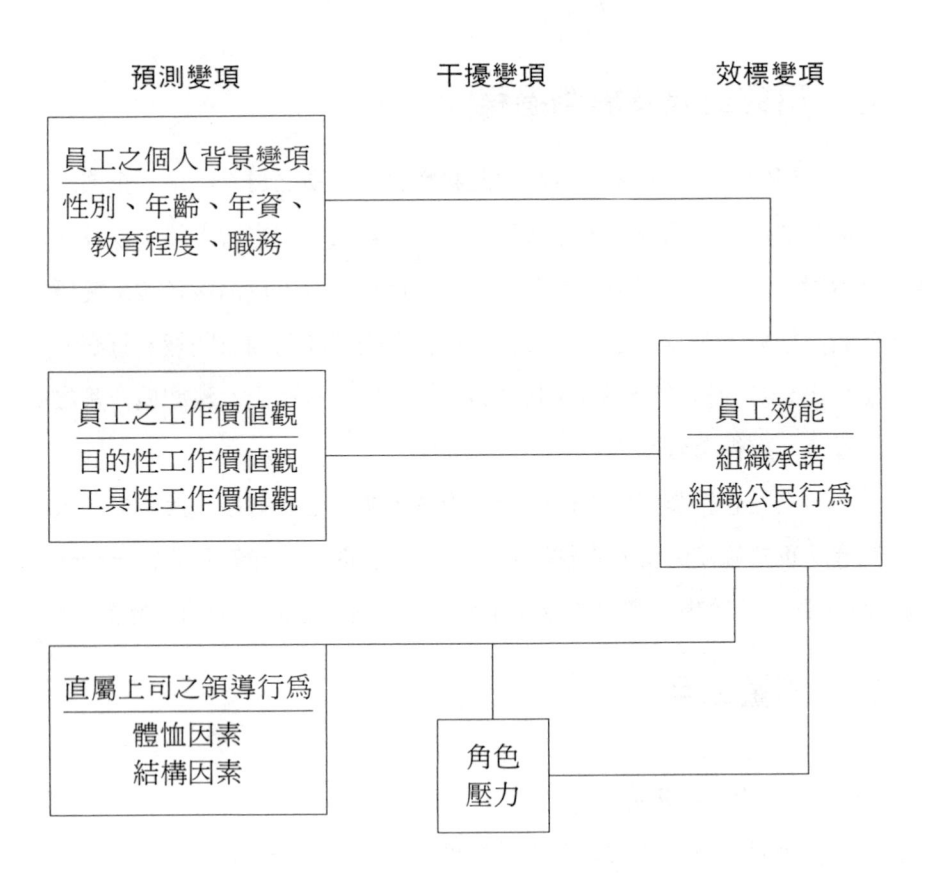

研究方法

壹、研究對象及施測過程

　　本研究之受測對象爲台灣地區44家民營企業之員工。這些企業之選取方式係採便利取樣，亦即筆者透過認識之企業主管人員，以及國立台灣大學推廣教育中心之企業經理人員和金融人員高級管理研究班學員之協助，派遣受過訓練之訪員前往調查訪問並回收問卷。每家公司發出5至15份問卷，總計回收604份，去除作答不全及沒認眞作答之廢卷後，實得有效問卷485份。

　　研究問卷編製完成之後先進行預試，並經必要之修改後製成正式問卷。正式施測時受測者採不具名方式填答問卷，作答時間約三十分鐘。本研究所收集之資料的分析單元係爲「員工個人」，而非「企業」。

貳、測量工具

一、工作價值觀量

　　本研究所使用之量表係戚樹誠與黃國隆（Chi & Huang, 1994）改編自王叢桂（1993）所設計之「工作價值觀量表」。改編後之量表包含二個分量表，即「目的性工作價值觀量表」（有16個題目）和「工具性

工作價值觀量表」（有22個題目）。

　　上述之「目的性工作價值觀量表」可進一步抽出四個因素，它們分別是「內在酬償」、「外在酬償」、「平安和諧」、及「集體利益」。這四個因素的Cronbach's α值分別為 .90、.75、.72、.81。至於「工具性工作價值觀量表」則可抽出三個因素，它們分別是「能力與理智」、「謙和寬容」、及「尊重傳統」。此三個因素之Cronbach's α值分別為 .92、.88、.72（黃國隆，1995）。

　　本研究在測量員工與其主管之「工作價值觀差距」時，係根據「員工本人對某項工作價值觀之重視程度」與他認為他的「直屬上司對該項工作價值觀之重視程度」兩者間的差距來加以衡量。

二、領導行為量表

　　本量表係鄭伯壎（1977）根據Fleishman（1953）所編製之「督導行為描述問卷」（Supervisory Behavior Description Questionnaire）加以修訂而成。此一中文量表包括二個因素，即體恤因素（consideration）和結構因素（initiating structure）。前者包含18個題目，後者包含14個題目。過去的研究發現此量表之二個因素的內部一致性良好，信度係數都介於 .76與 .93之間（鄭伯壎，1977；黃開義，1984；鄭得臣，1985）。本研究係根據受測者評量其直屬上司（領導者）在上述二個因素上的分數而當其為直屬上司之領導行為的指標。

　　本研究進一步再針對此量表以直交轉軸進行因素分析，結果亦可抽出二個因素，即「體恤因素」及「結構因素」。這二個因素的Cronbach's

α值分別爲 .91及 .80。

三、工作壓力量表

　　本量表包含兩部分，第一部分是採用黃國隆、王青祥、及鄭得臣（1985）所修訂之Rizzo、House與Lirtzman（1970）的「角色模糊及角色衝突量表」（Role Ambiguity and Role Conflict Scale）。第二部分是採用鄭得臣（1985）所編譯之Ivancerich 及 Matteson 的「壓力診斷量表」（Stress Diagnosis Survey）中的二個分量表，即「角色過度負荷（質）量表」及「角色過度負荷（量）量表」（鄭得臣，1985）。鄭得臣的研究顯示，上述四個分量表的Cronbach's α值皆在.70以上。本研究所採用之工作壓力量表共有21個題目。筆者進一步以斜交轉軸的方法針對此量表進行因素分析，結果亦可抽出「角色模糊」、「角色衝突」、「角色過度負荷（質）」、「角色過度負荷（量）」等四個因素。這些因素的Cronbach's α值分別爲 .82、.82、.69、.79。

四、組織承諾量表

　　本量表係黃國隆（1992）改編自Porter、Steers及Mowday（1974）等人所設計之「組織承諾量表」（Organizational Commitment Scale）。國內以往已有很多研究針對Porter 等人所編之組織承諾量表做過信度分析，發現其Cronbach's α值多數在 .80以上（余安邦，1970；陸鵬程，1981；呂紀嘉，1982；楊啓良，1982）。

　　本研究以斜交轉軸方式針對此量表進行因素分析，結果亦可抽出「認同傾向」及「留職意願」等二個因素。此二因素的Cronbach's α值

分別為.85及.80。

五、組織公民行為量表

　　本研究採用林淑姬（1992）所編製之「組織公民行為量表」。此量表係林淑姬參考Organ（1988）之理論架構及Podsakoff等人（1990）之問卷發展而成。此量表包含六個構面，即「認同組織」、「協助同事」、「不生事爭利」、「公私分明」、「敬業守法」、「自我充實」。整個量表的信度值為 .95，而各構面之信度值皆在 .80以上（林淑姬，1992）。本研究為了避免研究問卷題目太多，因此只採用林淑姬所編量表中的前面五個構面，而刪去「自我充實」構面。

　　筆者進一步以斜交轉軸方式針對此量表進行因素分析，結果亦可抽出「不惹事爭利及公私分明」、「協助同事」、「愛護組織」及「敬業守法」等四個因素。它們的Cronbach's α 值分別為 .91、 .84、 .80、 .59。

研究結果

壹、受測之民營企業員工對工作價值觀 各項目之重視順序

一、「目的性工作價值觀」方面

　　表一顯示，受測之民營企業員工對16項「目的性工作價值觀」中

的12項之重視程度皆爲「相當重視」（平均分數超過或接近5分），對其餘4項則表示「有點重視」（接近4分）。若依各項目受重視程度加以排列，則以「和諧的人際關係」及「生活的安定與保障」居前二名，其餘依次爲「自我成長」、「成就感」、「發揮個人專長」、「自尊心」、「個人理想的實踐」、「符合個人興趣」、「發揮創造力」、「獨立自主」、「追尋眞理與知識」、「財富（經濟報酬）」、「服務社會」，最後三項則爲「權勢」、「國家民族的發展」及「名望與社會地位」。

　　由**表一**我們可以進一步發現，本研究之受測者對「目的性工作價值觀」各項目之重視順序與黃國隆在1995年的另一次研究之結果相當接近（這二次研究之「目的性工作價值觀」各項目受重視順序的Spearman等級相關係數爲 r = 0.96, p < .001, df = 14）。

二、「工具性工作價值觀」方面

　　表一亦顯示，受測之民營企業員工對22項「工具性工作價值觀」中的21項皆表示「相當重視」（平均分數超過或接近5分），而對最後一項（「尊重傳統」）則表示「有點重視」（平均分數接近4分）。若依各項目之受重視程度加以排列，則以「負責任」、「信用」及「效率」居前三名，其次爲「團結合作」、「忠誠」、「理性思考」、「自我約束」、「知恥」、「勤勞」、「毅力」、「寬容雅量」、「隨和」、「謹愼」、「求新求變」、「穩重」、「耐心」、「有禮貌」、「謙虛」、「學識」，最後三項則爲「尊卑有序」、「節儉」及「尊重傳統」。

　　再者，由**表一**我們可看出，本研究之受測者對「工具性工作價值

表一　台灣民營企業員工對工作價值觀之重視順序比較表

本研究(人數：485)			黃國隆(1995)的研究(人數：1026)		
順序	價值觀項目	平均值(標準差)	順序	價值觀項目	平均值(標準差)
	目的性工作價值觀			目的性工作價值觀	
1	和諧的人際關係	5.32(0.66)	1	生活的安定與保障	5.34(0.77)
2	生活的安定與保障	5.30(0.74)	2	和諧的人際關係	5.26(0.78)
3	自我成長	5.29(0.71)	3	自尊心	5.22(0.82)
4	成就感	5.25(0.75)	4	成就感	5.22(0.81)
5	發揮個人專長	5.25(0.71)	5	自我成長	5.17(0.87)
6	自尊心	5.22(0.79)	6	發揮個人專長	5.14(0.84)
7	個人理想的實踐	5.06(0.84)	7	獨立自主	4.97(0.90)
8	符合個人興趣	5.02(0.84)	8	符合個人興趣	4.95(0.94)
9	發揮創造力	5.02(0.82)	9	個人理想的實踐	4.92(0.95)
10	獨立自主	5.02(0.81)	10	發揮創造力	4.91(0.90)
11	追尋真理與知識	4.87(0.88)	11	財富(經濟報酬)	4.79(0.91)
12	財富(經濟報酬)	4.62(0.88)	12	追尋真理與知識	4.73(0.96)
13	服務社會	4.49(0.88)	13	服務社會	4.57(0.95)
14	權勢	4.35(0.95)	14	國家民族的發展	4.51(1.09)
15	國家民族的發展	4.30(1.09)	15	權勢	4.30(1.07)
16	名望與社會地位	4.13(0.97)	16	名望與社會地位	4.26(1.08)
	工具性工作價值觀			工具性工作價值觀	
1	負責任	5.48(0.63)	1	負責任	5.36(0.72)
2	信用	5.36(0.72)	2	信用	5.33(0.76)
3	效率	5.29(0.72)	3	效率	5.28(0.75)
4	團結合作	5.27(0.76)	4	團結合作	5.25(0.78)
5	忠誠	5.15(0.85)	5	知恥	5.18(0.83)
6	理性思考	5.11(0.74)	6	忠誠	5.18(0.80)
7	自我約束	5.09(0.75)	7	隨和	5.13(0.80)
8	知恥	5.09(0.84)	8	謹慎	5.12(0.80)
9	勤勞	5.08(0.79)	9	勤勞	5.10(0.81)
10	毅力	5.05(0.80)	10	理性思考	5.06(0.78)

表一（續）

11	寬容雅量	5.04(0.79)	11	自我約束	5.05(0.80)
12	隨和	5.02(0.83)	12	耐心	5.04(0.80)
13	謹愼	5.01(0.79)	13	寬容雅量	5.04(0.80)
14	求新求變	4.98(0.86)	14	有禮貌	5.00(0.88)
15	穩重	4.97(0.79)	15	穩重	4.99(0.82)
16	耐心	4.95(0.80)	16	毅力	4.99(0.84)
17	有禮貌	4.94(0.85)	17	求新求變	4.96(0.88)
18	謙虛	4.90(0.82)	18	謙虛	4.95(0.84)
19	學識	4.76(0.90)	19	尊卑有序	4.81(0.98)
20	尊卑有序	4.65(0.96)	20	學識	4.77(0.91)
21	節儉	4.56(0.95)	21	節儉	4.75(0.92)
22	尊重傳統	4.41(1.03)	22	尊重傳統	4.50(1.07)

觀」各項目之重視順序也與黃國隆在1995年的研究結果頗爲類似（這二次研究之「工具性工作價值觀」各項目受重視順序的Spearman等級相關係數爲 $r = 0.92$, $p < .001$, $df = 20$）。

貳、不同個人背景變項之民營企業員工在組織承諾與組織公民行爲之整體量表總分上之差異

表二之多變項變異數分析（MANOVA）檢定結果顯示：

(1)不同職務之受測者在依變項（組織承諾及組織公民行爲之整體量表總分）的平均分數有顯著差異（Wilks' $\lambda = .953$, $F = 3.728$, $p < .005$），亦即高級主管對組織（公司）的承諾感分別高於其他三組（即中級主管、基層主管及基層員工）（$F = 6.2856$, $p < .001$）；再者，高級主管比基層員工更積極表現出組織公民行爲（即角色要求之外，但有

表二　不同個人背景變項之受測者在組織承諾及組織公民行為平均
　　　分數之差異分析摘要表

個人背景變項	組織承諾	組織公民行為
職　　務		
基層員工	4.2179a	4.9020a
基層主管	4.2559b	4.9948
中級主管	4.2962c	5.0236
高級主管	4.6045abc	5.1249a
	(6.2856)***	(3.9526)**
年　　齡		
0-25	4.1838a	4.8051ab
26-35	4.1960b	4.8846cd
36-45	4.3877	5.0742ac
46歲以上	4.5551ab	5.1664bd
	(5.5404)**	(8.4739)***
工作年資		
1年以內	4.0948a	4.8541b
2-3	4.1313b	4.8147a
4-5	4.2654	4.9815
6-10	4.3475	4.9751
11年以上	4.4526ab	5.1106ab
	(5.2815)***	(6.1064)***

註：括弧內為F值，*p < 0.05　　**p < 0.01　　***p < 0.001
　　a,b,c,d表示平均數差異以Scheffe法事後考驗結果達0.05顯著水準之組別

助於達成組織目標之行為）（F＝3.9526, p＜.01）。

　　(2)不同年齡之受測者在依變項之平均分數有顯著差異（Wilks'λ
＝.94, F＝4.78, p＜.001）。換言之，大體而言，年齡愈大的受測者對所
屬之組織的承諾感愈高（F＝5.5404, p＜.01），也愈積極表現出組織公
民行為（F＝8.4739, p＜.001）。

　　(3)不同工作年資之受測者在依變項之平均分數亦有顯著差異
（Wilks'λ＝.93, F＝3.82, p＜.001）。整體看來，在其公司之任職年資愈
久的受測者對其公司的承諾感愈高（F＝5.2815, p＜.001）。再者，年資
在「11年以上組」分別比「1年以下組」及「2至3年組」更樂於表現出
組織公民行為（F＝6.1064, p＜.001）。

參、不同個人背景變項之民營企業員工在組織承諾 及組織公民行為之各項因素上的差異

　　由表三之多變項變異數分析檢定結果可以看出：

　　(1)男性受測者對組織（公司）的認同感及積極愛護組織之傾向均
比女性受測者為強。反之，女性則較男性公私分明及不願惹事爭利
（Wilks'λ＝.94, F＝4.81, p＜.001）。

　　(2)教育程度為國中以下者較其他三組（高中高職組、大專組及研
究所組）更願意主動協助同事（Wilks'λ＝.94, F＝1.66, p＜.05）。

　　(3)高級主管之認同公司及愛護公司的傾向均高於基層員工。再
者，高級主管之留職意願較其他三組（中級主管、基層主管及基層員
工）為高（Wilks'λ＝.89, F＝2.92, p＜.001）。

表三　不同個人背景變項之受測者在組織承諾及組織公民行為之各因素平均分數的差異分析摘要表

個人背景變項	認同傾向	留職意願	不惹事爭利及公私分明	協助同事	愛護組織	敬業守法
性　別						
男	4.4441	4.1697	5.2131	4.9716	4.6657	4.6706
女	4.2904	4.1324	5.3709	4.8911	4.3900	4.7595
	(5.0112)*	(.2525)	(5.3176)*	(1.6643)	(15.3173)***	(1.7055)
教育程度						
國中以下	5.0200	4.0320	5.5520	5.7500@#$	5.1000	4.8680
高中（職）	4.4604	4.0432	5.0834	4.9900&	4.3850	4.7536
大專	4.3762	4.1602	5.3108	4.9258#	4.5720	4.7158
研究所	4.2697	4.1734	5.2929	4.9115@	4.4923	4.6565
	(1.9141)	(.3686)	(1.5957)	(2.6290)*	(1.8324)	(.2535)
職　務						
基層員工	4.3151@	4.0546a	5.2231	4.9015	4.4377a	4.6719
基層主管	4.3419	4.1261c	5.3133	5.0139	4.5509	4.7163
中級主管	4.4141	4.1138b	5.3933	4.9679	4.6282	4.6453
高級主管	4.5936@	4.5919abc	5.3891	4.9813	4.8993a	4.9206
	(2.5589)*	(8.4759)***	(1.6425)	(.6302)	(6.9018)***	(2.2939)
年　齡						
0-25	4.2324	4.0798	5.2545	4.7682@#	4.2364ab	4.4182ab
26-35	4.2581ab	4.0889	5.1906	4.8767$	4.4749c	4.6320cd
36-45	4.5182a	4.1894	5.3685	5.0599@$	4.6678a	4.8587ac
46歲以上	4.6269b	4.4051	5.4376	5.0556#	4.8778bc	4.9778bd
	(6.1281)***	(2.1953)	(2.4416)	(3.8646)**	(7.8136)***	(8.0812)***
工作年資						
1年以內	4.1565b	3.9817	5.1777	4.8838	4.3697b	4.6058
2-3	4.1418a	4.0947	5.1989	4.7781a	4.3240a	4.5002a
4-5	4.3488	4.1379	5.3119	4.8906	4.5260	4.8335
6-10	4.4309	4.2227	5.2537	4.9522	4.6292	4.7306
11年以上	4.5765ab	4.2528	5.4103	5.0864a	4.7224ab	4.8679a
	(6.8196)***	(1.6752)	(1.8195)	(3.3714)**	(5.2010)***	(4.4231)**

註：括弧內為F值
　　*p＜0.05　**p＜0.01　***p＜0.001
　　a,b,c,d表示平均數差異以Scheffe法事後考驗結果達0.05顯著水準之組別
　　@,#,$,表示平均數差異以Duncan法事後考驗結果達0.05顯著水準之組別

(4)大體而言，年齡愈大的受測者其認同公司、協助同事、愛護組織及敬業守法的傾向均愈強（Wilks' λ = .90, F = 2.75, p < .001）。

(5)「工作年資為11年以上者」其認同公司、協助同事、愛護組織及敬業守法之傾向均強於「年資為2至3年者」。再者，「工作年資為11年以上者」之認同公司及愛護公司的傾向均高於「年資為1年以內者」（Wilks' λ = .90, F = 1.93, p < .005）。

肆、預測變項與效標變項之間的簡單相關分析

表四顯示各預測變項與效標變項之間的簡單相關係數。由**表四**我們可以發現，就組織承諾與組織公民行為之整體量表分數而言：

(1)受測者愈重視「目的性與工具性工作價值觀」，則其組織承諾愈高，也愈積極表現組織公民行為。

(2)受測者與其主管之工作價值觀（*包括目的性與工具性工作價值觀*）差距愈大，則其組織承諾愈低，也愈不表現「組織公民行為」。

(3)主管之領導行為愈重視「體恤因素」，則受測者（*部屬*）之組織承諾愈高，也愈積極表現組織公民行為；再者，主管之領導行為愈重視「結構因素」，則受測者愈積極表現組織公民行為。

(4)受測者之工作壓力（*量表總分*）愈大，則其組織承諾愈低，也愈不積極表現組織公民行為。至於工作壓力各個分量表（*包括角色模糊、角色過度負荷及角色衝突*）之分數大部分與「組織承諾」及「組織公民行為」也均有顯著負相關。

至於預測變項各因素（*各分量表*）及效標變項各因素（*各分量表*）

表四　預測變項與效標變項之間的簡單相關係數表

預測變項＼效標變項	組織承諾	認同傾向	留職意願	組織公民行為 分明	不惹事爭利及公私	協助同事	愛護組織	敬業守法
本身工作價值觀								
目的性工作價值觀	.2336**	.2917**	.0810	.3499**	.1226*	.3793**	.3336**	.2800**
工具性工作價值觀	.3519**	.3943**	.1822**	.4181**	.1688**	.4162**	.3992**	.3192**
與主管的組								
目的性工作價值觀差距	-.2723**	-.2556**	-.1890**	-.1240*	-.0574	-.1297*	-.1732**	.0066
工具性工作價值觀差距	-.3045**	-.2870**	-.2150**	-.1412**	-.0825	-.1035	-.1872**	-.0144
主管的領導型態								
體恤	.4849**	.4304**	.3919*	.3367**	.2456**	.2952**	.2771**	.0770
結構因素	.0964	.1877**	-.0639	.1157*	-.0859	.2574**	.2567**	.0628
本身角色壓力								
工作壓力	-.3600**	-.2375**	-.4011**	-.4365**	-.4346**	-.2781**	-.1135*	-.2623**
角色模糊	-.4486**	-.4341**	-.3161**	-.4752**	-.2404**	-.3957**	-.4048**	-.3984**
角色過度負荷(質)	-.1931**	-.0845	-.2775**	-.2940**	-.3665**	-.1633**	.0239	-.1516**
角色衝突	-.2578**	-.1077*	-.3712**	-.3061**	-.3950**	-.1341*	.0032	-.1354*
角色過度負荷(量)	-.0470	.0218	-.1156*	-.0909	-.2008**	-.0406	.1309*	.0033

N＝485　One-tailed Test;　*p＜.01　**p＜.001

之間的簡單相關係數大小則請自行參考**表四**，在此不再贅述。

伍、預測變項與「組織承諾及組織公民行爲的整體量表總分」之間的典型相關分析

在本節中筆者利用典型相關分析（canonical correlation analysis）來探討預測變項（受測者之個人背景變項、工作價值觀、角色壓力及主管之領導型態）與效標變項（組織承諾與組織公民行爲的整體量表總分）之間的關係。**表五**即顯示典型相關分析所得之二對典型因素之特徵值（eigenvalue）、典型相關係數、自由度及F值。

由**表五**我們可以發現，有二個典型相關係數達到統計上之顯著水準。但因預測變項與效標變項在第二對典型因素的重疊百分比（redundancy proportion）很小，僅有2.54%，故本研究只取第一對典型因素。**表六**則顯示第一對典型因素中各變項之典型因素負荷量。我們若將典型因素負荷量絕對值大於.40者視爲重要者，則由**表五**及**表六**我們可以看出：

第一對典型因素間的典型相關係數爲.677，亦即這二個典型因素

表五　個人背景變項、工作價值觀、角色壓力、主管之領導型態與組織承諾、組織公民行爲之典型相關分析摘要表

典型因素	特徵值	典型相關係數	自由度	F值
1	0.844	0.677	22	16.468***
2	0.112	0.318	10	4.715***

***p＜0.001

表六　個人背景變項、工作價值觀、角色壓力、
　　　主管之領導型態與組織承諾、組織公民
　　　行為之典型因素負荷量

變　　項	典型因素 1
預測變項	
個人背景變項	
性　　別	−0.097
教育程度	−0.035
年　　齡	0.423*
工作年資	0.323
本身工作價值觀	
目的性工作價值觀	0.491*
工具性工作價值觀	0.672*
與主管價值觀差距	
目的性工作價值觀	−0.384
工具性工作價值觀	−0.435*
主管的領導型態	
體恤因素	0.682*
結構因素	0.183
本身角色壓力	−0.658*
**　效標變項**	
組織承諾	0.900*
組織公民行為	0.857*

*表示典型因素負荷量絕對值大於0.4

間有45.8%的共同變異量。而預測變項與效標變項在第一對典型因素的重疊百分比為65.18%。各預測變項在第一個典型因素上之因素負荷量絕對值以「主管之體恤因素」（.682）為最大，其次為「本身之工具性工作價值觀」（.672）、「本身之角色壓力」（－.658）、「本身之目的性工作價值觀」（.491）、「與主管之工具性工作價值觀差距」（－.435）、年齡（.423），其餘變項之負荷量均甚低。而效標變項在第一個典型因素上的因素負荷量絕對值以「組織承諾」（.900）為最大，其次是「組織公民行為」（.857）。

由此可見，受測者本身之年齡愈大、愈重視「目的性及工具性工作價值觀」、角色壓力愈小、與主管之「工具性工作價值觀差距」愈小，其主管的領導行為愈重視「體恤因素」，則受測者之「組織承諾」愈高，也愈積極表現出「組織公民行為」。

陸、預測變項與「組織承諾及組織公民行為各因素」之間的典型相關分析

由**表七**我們可以發現，典型相關分析結果有四個典型相關係數達到統計上之顯著水準。但因預測變項與效標變項在第三及第四對典型因素的重疊百分比很小，分別僅有2.53%及0.89%，故筆者只取前二對典型因素。**表八**則顯示這二對典型因素中各變項之典型因素負荷量。我們若將典型因素負荷量絕對值大於.40者視為重要者，則由**表七**及**表八**可知：

(1)第一對典型因素間的典型相關係數為.724，亦即這二個典型因

表七　個人背景變項、工作價值觀、角色壓力、主管之領導型態與組織承諾各因素、組織公民行爲各因素之典型相關分析摘要表

典型因素	特徵值	典型相關係數	自由度	F 值
1	1.099	0.724	84	7.296***
2	0.338	0.503	65	3.886***
3	0.164	0.375	48	2.532***
4	0.096	0.296	33	1.685**
5	0.029	0.169	20	0.819
6	0.010	0.100	9	0.465

**p<0.01　***p<0.001

素間有52.4%的共同變異量。而預測變項與效標變項在第一對典型因素的重疊百分比爲8.09%。各預測變項在第一個典型因素上之因素負荷量絕對值以「本身之角色模糊」（.730）爲最大，其次爲「本身之工具性工作價值觀」（−.702）、「主管之體恤因素」（−.603）、「本身之目的性工作價值觀」（−.544），其餘變項之負荷量均甚低。而效標變項在第一個典型因素上的因素負荷量絕對值以「對組織的認同傾向」（−.474）爲最大，其餘的負荷量均甚小。由上述結果可知，受測者本身的工作「角色模糊」程度愈大、本身愈不重視「目的性與工具性工作價值觀」、主管的領導行爲愈不重視「體恤因素」，則受測者對組織（公司）的「認同傾向」愈低。

　　(2)第二對典型因素間的典型相關係數爲.503，亦即這二個典型因素間有25.3%的共同變異量。而預測變項與效標變項在第二對典型因素的重疊百分比爲6.89%。各預測變項在第二個典型因素上的因素負

表八　個人背景變項、工作價值觀、角色壓力、主管之領導型態與組織承諾各因素、組織公民行為各因素之典型因素負荷量

變　　　項	典型因素 1	典型因素 2
預測變項		
個人背景變項		
性　　別	0.082	−0.254
教育程度	0.089	−0.130
年　　齡	−0.396	0.106
工作年資	−0.308	0.071
本身工作價值觀		
目的性工作價值觀	−0.544*	0.362
工具性工作價值觀	−0.702*	0.282
與主管價值觀差距		
目的性工作價值觀	0.338	0.041
工具性工作價值觀	0.372	0.144
主管的領導型態		
體恤因素	−0.603*	−0.275
結構因素	−0.242	0.520*
本身角色壓力		
角色模糊	0.730*	−0.079
角色過度負荷(質)	0.342	0.601*
角色衝突	0.398	0.729*
角色過度負荷(量)	0.089	0.458*
效標變項		
組織承諾		
認同傾向	−0.474*	−0.016
留職意願	−0.146	−0.646*
組織公民行為		
不惹事爭利及公私分明	−0.196	−0.488*
協助同事	−0.321	0.124
愛護組織	−0.082	0.736*
敬業守法	−0.218	0.105

*表示典型因素負荷量絕對值大於0.4

荷量絕對值以「本身之角色衝突」（.729）為最大，其次為「本身之角色過度負荷（質）」（.601）、「主管之結構因素」（.520）、「本身之角色過度負荷（量）」（.458），其餘變項之負荷量均甚低。而效標變項在第二個典型因素上的因素負荷量絕對值以「愛護組織」（.736）為最大，其次是「留職意願」（−.646）、「不惹事爭利及公私分明」（−.488），其餘變項的負荷量均甚小。換言之，受測者本身工作之角色過度負荷（包括質與量）愈大、角色衝突愈大、其主管之領導行為愈重視「結構因素」，則受測者之「留職意願」愈低，「不惹事爭利及公私分明」的傾向也愈弱。

柒、部屬的工作壓力對「企業主管的領導行為與部屬效能之關係」的干擾效果

　　本研究是以階層式多元迴歸（hierarchical multiple regression）的方式來分析部屬的工作壓力對「企業主管的領導行為與部屬效能之關係」的干擾效果。進行迴歸分析時，預測變項包含了部屬的工作壓力、企業主管之領導行為的體恤因素及結構因素。部屬的工作壓力係以個人分數減去全體樣本平均數所得的離均差分數來代表；企業主管之領導行為的體恤因素及結構因素亦以個人分數減去全體樣本平均數所得的離均差分數來代表。效標變項則為部屬效能之指標，即「組織承諾」與「組織公民行為」兩部份。階層式多元迴歸分析的步驟是首先將「部屬之工作壓力」、「企業主管之領導行為的體恤及結構因素」等的離均差分數納入迴歸公式。然後再加進「部屬的工作壓力之離均差分數」

和「企業主管的體恤因素之離均差分數」的相乘積（cross product），以及「部屬的工作壓力之離均差分數」和「企業主管的結構因素之離均差分數」的相乘積變項，以檢視部屬的工作壓力是否會對「企業主管的領導行為與部屬效能（組織承諾與組織公民行為）之關係」產生干擾效果。

一、部屬的「組織承諾」方面

迴歸分析結果顯示，「部屬之工作壓力」與「企業主管之領導行為」對「部屬之組織承諾」沒有顯著的交互作用，$F_{(2,479)} = .4430$, $p = .6423$。換言之，部屬的工作壓力不會對「企業主管的領導行為與部屬之組織承諾的關係」產生干擾效果。

二、部屬的「組織公民行為」方面

表九之迴歸分析結果顯示，「部屬之工作壓力」與「企業主管之領導行為」對「部屬之組織公民行為」有顯著的交互作用，$F_{(2,479)} = 3.465$, $p < .05$。

由進一步的分析可知，部屬的工作壓力主要是會對「企業主管的結構因素與部屬之組織公民行為的關係」產生顯著干擾效果（迴歸係數 $b = -.1352$, $p < .05$）。至於部屬之工作壓力對「企業主管之體恤因素與部屬之組織公民行為的關係」之干擾效果則不顯著（迴歸係數 $b = -.057$, $p > .05$）。

由**表九**之結果我們可得到最後的迴歸方程式為：「部屬組織公民行為」＝ 4.9602 － 0.3893「部屬工作壓力」＋ 0.1056「企業主管之結構因

表九 部屬之工作壓力與主管之領導行為在「部屬之組織公民行為」上的迴歸分析

步驟	預測變項	累積變異量 R^2	R^2改變量	最後迴歸公式中未標準化的迴歸係數b
1.	部屬工作壓力、企業主管領導行為之主要效果	.2631***	.2631***	
	⑴部屬之工作壓力			−.3893***
	⑵結構因素			.1056***
	⑶體恤因素			.1836***
2.	部屬工作壓力與企業主管領導行為之交互作用	.2740***	.0105*	
	⑴部屬之工作壓力X 企業主管之體恤因素			−.0570
	⑵部屬之工作壓力X 企業主管之結構因素			−.1352*

註：部屬的工作壓力係以個人分數減去全體樣本平均數所得的離均差分數來代表；企業主管之領導行為的體恤因素及結構因素亦以個人分數減去全體樣本平均數所得的離均差分數來代表。

*p＜.05　　***p＜.001

素」＋0.1836「企業主管之體恤因素」−0.0570「部屬之工作壓力 X 企業主管之體恤因素」−0.1352「部屬之工作壓力X企業主管之結構因素」。

　　再者，迴歸分析之結果進一步顯示，當部屬之工作壓力低時（低於部屬工作壓力的平均數一個標準差），「企業主管的結構因素」與「部屬的組織公民行為」之間存在顯著正向關連性（Beta＝0.17）；亦即當部屬之工作壓力低時，企業主管若愈重視結構因素的領導行為，則部

屬愈積極表現「組織公民行爲」。

其次，當部屬之工作壓力爲中等（等於平均數）時，「企業主管的結構因素」與「部屬的組織公民行爲」之間亦存在顯著正向關連性（Beta＝0.11）；換言之，當部屬工作壓力爲中等時，企業主管若愈重視結構因素的領導行爲，則部屬愈積極表現「組織公民行爲」。

相對而言，當部屬工作壓力高時（高於部屬工作壓力的平均數一個標準差），「企業主管之結構因素」與「部屬之組織公民行爲」的關連性則不顯著（Beta＝0.04）。

三、部屬的「組織公民行爲各因素」方面

本研究進一步以階層迴歸分析來探討部屬的工作壓力是否會對「企業主管的領導行爲與組織公民行爲各因素的關係」產生干擾效果。

甲、部屬的「不惹事爭利及公私分明」方面

表十之迴歸分析的結果顯示，「部屬之工作壓力」與「企業主管之領導行爲」對「部屬之不惹事爭利及公私分明」有顯著的交互作用，$F_{(2, 479)} = 11.644$, $p < .001$。

進一步分析表十之結果可知，部屬的工作壓力主要是會對「企業主管的結構因素與部屬不惹事爭利及公私分明的關係」產生顯著干擾效果（迴歸係數 b＝ −.3773, $p < .001$）。至於部屬的工作壓力對「企業主管的體恤因素與部屬不惹事爭利及公私分明的關係」之干擾效果則不顯著（迴歸係數 b＝.0221, $p > .05$）。

表十　部屬之工作壓力與主管之領導行爲在「部屬之不惹事爭利及公私分明」上的迴歸分析

步驟	預測變項	累積變異量 R^2	R^2改變量	最後迴歸公式中未標準化的迴歸係數b
1.	部屬工作壓力、企業主管領導行爲之主要效果	.2055***	.2055***	
	(1)部屬之工作壓力			−.5625***
	(2)結構因素			−.0767***
	(3)體恤因素			.1568***
2.	部屬工作壓力與企業主管領導行爲之交互作用	.2423***	.0368*	
	(1)部屬之工作壓力X企業主管之體恤因素			.0221
	(2)部屬之工作壓力X企業主管之結構因素			−.3773***

註：部屬的工作壓力係以個人分數減去全體樣本平均數所得的離均差分數來代表；企業主管之領導行爲的體恤因素及結構因素亦以個人分數減去全體樣本平均數所得的離均差分數來代表。
　　**p＜.01　　***p＜.001

　　由**表十**之結果我們可得到最後的迴歸方程式爲：「部屬之不惹事爭利及公私分明」＝5.2923−0.5625「部屬之工作壓力」−0.0767「企業主管之結構因素」＋0.1568「企業主管之體恤因素」＋0.0221「部屬之工作壓力X企業主管之體恤因素」−0.3773「部屬之工作壓力X企業主管之結構因素」。

　　此外，進一步的分析結果顯示，當部屬工作壓力低時（低於部屬

工作壓力的平均數一個標準差），「企業主管的結構因素」與「部屬的不惹事爭利及公私分明」之間存在正向關連性（Beta＝0.11），亦即當部屬工作壓力低時，企業主管若愈重視結構因素的領導行為，則部屬愈「不惹事爭利及公私分明」。

其次，當部屬之工作壓力中等（等於平均數）時，「企業主管之結構因素」與「部屬之不惹事爭利及公私分明」的關連性不顯著（Beta＝－0.08）。

相對而言，當部屬工作壓力高時（高於部屬工作壓力的平均數一個標準差），「企業主管的結構因素」與「部屬的不惹事爭利及公私分明」之間存在顯著負向關連性（Beta＝－0.26）；換言之，當部屬之工作壓力高時，企業主管愈重視結構因素的領導行為，則「部屬之不惹事爭利及公私分明」的程度愈低。

乙、部屬的「協助同事」方面

迴歸分析的結果顯示，「部屬之工作壓力」與「企業主管之領導行為」對「部屬之協助同事」沒有顯著的交互作用，$F_{(2,479)}=.199$, $p=.8195$。換言之，部屬的工作壓力不會對「企業主管領導行為與部屬協助同事的關係」產生干擾效果。

丙、部屬的「愛護組織」方面

表十一之迴歸分析的結果顯示，「部屬之工作壓力」與「企業主管之領導行為」對「部屬之愛護組織」有顯著的交互作用，$F_{(2,479)}=5.120$, $p<.01$。

由表十一可進一步看出，部屬的工作壓力主要是會對「企業主管

的體恤因素與部屬愛護組織的關係」產生顯著干擾效果。

　　由**表十一**之結果我們可得到最後的迴歸方程式為：「部屬之愛護組織」＝4.5222－0.0714「部屬之工作壓力」＋0.2986「企業主管之結構因素」＋0.3080「企業主管之體恤因素」－0.3128「部屬之工作壓力 X 企業主管之體恤因素」－0.0885「部屬之工作壓力 X 企業主管之結構因素」。

表十一　部屬之工作壓力與主管之領導行為在「部屬之愛護組織」上的迴歸分析

步驟	預測變項	累積變異量 R²	R²改變量	最後迴歸公式中未標準化的迴歸係數b
1.	部屬工作壓力、企業主管領導行為之主要效果	.1557***	.1557***	
	(1)部屬之工作壓力			－.0714
	(2)結構因素			－.2986***
	(3)體恤因素			.3080***
2.	部屬工作壓力與企業主管領導行為之交互作用	.1734***	.0177**	
	(1)部屬之工作壓力X　企業主管之體恤因素			－.3128**
	(2)部屬之工作壓力X　企業主管之結構因素			.0885

註：部屬的工作壓力係以個人分數減去全體樣本平均數所得的離均差分數來代表；企業主管之領導行為的體恤因素及結構因素亦以個人分數減去全體樣本平均數所得的離均差分數來代表。

　　**p＜.01　　　***p＜.001

再者，進一步的分析結果顯示，不管部屬之工作壓力是高或低，「企業主管的體恤因素」與「部屬的愛護組織」之間均存在顯著正向關連性，亦即企業主管若愈重視體恤因素的領導行為，則「部屬愛護組織」之傾向愈高。

不過，相對而言，在部屬之工作壓力低的狀況下，「企業主管之體恤因素」與「部屬之愛護組織」的關連性較高（Beta＝.46），而在部屬之工作壓力高的狀況下，則關連性相對較低（Beta＝.16）。

丁、部屬的「敬業守法」方面

迴歸分析的結果顯示，「部屬之工作壓力」與「企業主管之領導行為」對「部屬之敬業守法」沒有顯著的交互作用，F（2,479）＝3.001，p＞.05。換言之，部屬的工作壓力不會對「企業主管領導行為與部屬協助同事的關係」產生干擾效果。

討　論

茲就本研究之主要發現及其重要含義分別討論如下：

壹、本研究的第一個主要發現是，台灣民營企業員工對「目的性工作價值觀」及「工具性工作價值觀」各項目之重視順序與黃國隆在1995年的另一項研究發現相當類似。就「目的性工作價值觀」而言，台灣民營企業員工最重視的是「平安和諧」（包括「和諧的人際關係」及「生活的安定與保障」），其次是「內在酬償」（包括「自我成長」、

「成就感」、「發揮個人專長」、「自尊心」……等項目），接著是「集體利益」（包括「服務社會」與「國家民族的發展」）及「外在酬償」（包括「財富」、「權勢」、「名望與社會地位」）。此一結果顯示，當前台灣民營企業員工仍深受傳統中國文化所強調的「安」及「和」之價值觀的影響（黃國隆，1995）。再者，民營企業員工亦相當重視工作本身所帶給他們的成就感、自尊心以及在工作上有機會發揮個人專長，並獲得自我成長。此一發現頗值得企業主管予以重視。主管宜設法透過「參與管理的實施、積極授權以及良好的工作設計……」等手段來激勵部屬，以提高其工作滿足感、組織承諾及工作績效。至於「國家與社會之集體利益」及「工作的外在酬償（財富、權勢、地位）」則相對而言受重視程度較低。

就「工具性工作價值觀」而言，台灣民營企業員工最重視的是「能力與理智」（包括「負責任」、「信用」、「效率」、「知恥」、「謹慎」、「理性思考」……等），其次是「謙和寬容」（包括「團結合作」、「忠誠」、「寬容雅量」、「隨和」、「有禮貌」、「謙虛」……等），最後是「尊重傳統」（包括「尊卑有序」、「節儉」、「尊重傳統」等項目）。上述結果所顯示的意義是，「能力與理智」是現代化企業經營所應具備的重要條件，民營企業員工在工作上能重視這些項目，將有助於企業經營績效的提昇。至於「尊卑有序」、「節儉」、「尊重傳統」等項目相對而言較不受重視則是時勢所趨，不難理解。

貳、本研究之簡單相關及典型相關分析的結果均顯示，民營企業員工若愈重視「目的性與工具性之工作價值觀」，則其對公司的承諾感

愈高，也愈積極表現出組織公民行為。再者，當民營企業員工與其主管的工作價值觀差距愈大，則員工對公司的承諾感愈低，也愈不表現組織公民行為。其次，本研究亦發現，民營企業員工的角色壓力和「員工與主管之目的性工作價值觀差距」有顯著正相關（r = .13, p < .05）；角色壓力和「員工與主管之工具性工作價值觀差距」也有顯著正相關（r = .14, p < .01）。簡而言之，當民營企業員工與其主管之工作價值觀的差距愈大（或愈不一致）時，員工之工作壓力愈大，而其組織承諾及組織公民行為則均愈低。上述結果呼應了鄭伯壎（1992）與黃國隆（1995）的研究發現。

目前國內外管理學界及實務界人士均相當重視「企業文化對組織效能及員工行為的影響」此一課題。一個具有良好企業文化的組織，會使得其成員凝聚出一股動力，並不由自主地融入組織中，進而塑造出共同的價值觀與行為模式（趙耀東，1991）。因此，一位企業管理者（尤其是企業最高層之經營者）若能建立優良的企業文化，重視企業倫理，加強員工教育訓練以灌輸企業的價值觀，同時主管自己以身作則，言行一致，則必能使組織內主管與部屬之間的工作價值觀趨於一致，進而提高部屬的組織承諾、組織公民行為及工作績效。

參、本研究由簡單相關分析之結果可以看出，企業主管之領導行為愈重視體恤因素，則部屬之組織承諾愈高，也愈積極表現組織公民行為。再者，企業主管領導行為的結構因素與組織公民行為有顯著正相關，但與組織承諾的相關不顯著。此外，進一步由典型相關分析可以發現，主管的體恤因素可以有效的正向預測組織承諾及組織公民行

為（即體恤因素分別與組織承諾及組織公民行為有顯著正相關）。相對
而言，主管的結構因素對組織承諾與組織公民行為的預測力較低。

　　以往國內的一些研究（黃開義，1984；黃國隆，1986；朴英培，
1988）均一再顯示，在其探討的諸預測變項中，以主管領導行為的體
恤因素（即「人際取向」）對組織承諾的預測力最大。本研究也發現，
主管的體恤因素比其他預測變項對組織承諾及組織公民行為有更高的
預測力。而國內有關員工工作滿足方面的研究亦有類似發現，即上司
的體恤因素對部屬的工作滿足有最高的預測力。這些事實均充分反映
出在我國的組織機構中，強調「體恤關懷」的領導行為對員工效能有
相當的正面影響。因此我們建議企業主管平日應多尊重、信賴、鼓勵
及關懷部屬，並儘量採行雙向溝通的方式，如此將有助於提高部屬的
工作滿足及對公司的承諾感，並會促使部屬積極表現出公私分明、協
助同事及愛護組織等組織公民行為。

　　肆、鄭伯壎（1990）曾指出，部屬的工作壓力會對「主管之領導
行為與部屬效能的關係」產生干擾效果。他進一步推論，當部屬的工
作壓力大（如角色衝突大、工作負荷過高）而心理上容易產生挫折感
時，主管的人際取向行為（亦即重視體恤因素）可以降低工作的負面
性質，減少部屬的挫折感，進而增進部屬的工作效能（如工作滿足感）。
反之，當部屬的工作壓力小時，即使主管降低體恤因素的領導行為，
部屬仍然會從工作中獲得成就感或其他正面情緒感受，而不致減低部
屬的工作效能。至於工作壓力對「工作取向（亦即重視結構因素）的
領導行為與部屬效能之關係」的干擾效果可能較小。

　　本研究之結果發現，就組織承諾量表總分而言，民營企業之部屬的工作壓力不會對「主管之領導行為與部屬之組織承諾的關係」產生干擾效果。但是，就組織公民行為量表總分而言，部屬的工作壓力卻會對「主管之領導行為與部屬之組織公民行為的關係」產生顯著干擾效果。再者，部屬工作壓力的干擾效果主要是發生在「主管之結構因素與部屬之組織公民行為的關係」上，而部屬之工作壓力對「主管之體恤因素與部屬之組織公民行為的關係」之干擾效果則不顯著。上述結果剛好與鄭伯壎（1990）的預測相反，因為鄭伯壎預測工作壓力對「領導行為之體恤因素（人際取向行為）與部屬效能之關係」的干擾效果可能大於對「領導行為之結構因素（工作取向行為）與部屬效能之關係」的干擾效果。

　　本研究進一步的分析顯示，當部屬的工作壓力低（低於平均數一個標準差）時，「企業主管的結構因素」與「部屬的組織公民行為」有顯著正相關，亦即主管若愈重視結構因素的領導行為，則部屬愈積極表現出組織公民行為。反之，當部屬的工作壓力高（高於平均數一個標準差）時，「企業主管的結構因素」與「部屬的組織公民行為」的關連性卻不顯著。

　　但是我們若詳細就組織公民行為的各因素來看，當部屬的工作壓力低時，「企業主管之結構因素」與「部屬之不惹事爭利及公私分明」有顯著正相關。反之，當部屬的工作壓力高時，「企業主管之結構因素」與「部屬之不惹事爭利及公私分明」却有顯著負相關。上述結果可能的解釋是，當部屬的工作壓力低，亦即工作角色不模糊、工作負荷適

當、角色衝突小時，主管若愈能替部屬設定具體的工作目標，清楚地
界定每個人的工作角色，並認真要求部屬遵守組織的工作規範，則部
屬自然愈能公私分明，也較不會惹事生利。反之，當部屬之工作壓力
高時，其焦慮程度往往較高，在工作上產生挫折感的機會也可能較大。
因此，主管若愈重視領導行爲的結構因素，亦即對部屬在工作上的要
求愈嚴格，部屬可能在工作上愈會與他人產生磨擦，互相爭功諉過，
而且較無法公私分明。上述之研究發現在管理實務上所具的意義是，
爲了促使部屬表現出「不惹事爭利及公私分明」的行爲，在部屬之工
作壓力低時，主管可以加強領導行爲的結構因素；反之，當部屬之工
作壓力大時，主管應該減弱領導行爲的結構因素（即減弱工作取向行
爲）。

　　其次，就組織公民行爲的「愛護組織」構面來看，不管部屬的工
作壓力是高或低，企業主管若愈重視領導行爲之體恤因素，則部屬愈
會表現出「愛護組織」的行爲。不過，相對而言，在部屬之工作壓力
低的狀況下，「企業主管之體恤因素」與「部屬之愛護組織」的關連性
較高；而在部屬之工作壓力高的狀況下，則關連性相對較低。上述研
究結果在管理實務上的含義是，爲了加強部屬之愛護組織的行爲，企
業主管應當對部屬更加體恤關懷，並且信賴及支持部屬。不過，上述
的正面效果在部屬之工作壓力低的時候要比在工作壓力高的時候更明
顯。

參考文獻

丁虹（1987）：〈企業文化與組織承諾之關係研究〉。國立政治大學企管研究所未發表之博士論文。

文崇一（1989）：《中國人的價值觀》。台北：東大圖書公司。

王芝（1993）：〈工作價值對員工離職行為影響之研究〉。私立中原大學企管研究所未發表之碩士論文。

王叢桂（1993）：〈三個世代大學畢業工作者的價值觀〉。《本土心理學研究》，台灣，第2期，206-250。

朴英培（1988）：〈工作價值觀、領導型態、工作滿足與組織承諾關係之研究——以韓國電子業為例〉。國立政治大學企管研究所未發表之博士論文。

李秀嬌（1986）：〈中、美、日三國公司主管在工作特性、結構組織、領導型態、個人特質、工作態度的比較研究〉。私立中原大學企管研究所未發表之碩士論文。

呂紀嘉（1982）：〈中外銀行員工個人特性、工作特性、工作經驗與組織承諾之關係〉。國立政治大學企管研究所碩士論文。

余安邦（1980）：〈企業組織中員工離職行為之研究〉。國立台灣大學心理研究所碩士論文。

吳聰賢（1983）：《農村青年職業興趣、工作價值與職業選擇之關係研

究》（行政院青輔會）。

林淑姬（1992）：〈薪酬公平、程序公正與組織承諾、組織公民行為關係之研究〉。國立政治大學企管研究所博士論文。

邱淑媛（1993）：〈工作價值觀對工作態度及工作表現的影響〉。私立中原大學企管研究所未發表之碩士論文。

范惠珠（1993）：〈共享價值對管理人員工作適應之影響研究〉。私立中原大學企管研究所未發表之碩士論文。

翁淑緣（1984）：〈台灣北部地區大學生的價值觀念與生活型態的研究〉。《教育與心理研究》，6期，95-116。

趙耀東（1991）：〈從企業文化改造群我關係〉。台北：《經濟日報》，1991年5月20日，27版。

黃開義（1984）：〈工作特性、個人特質、領導型態、工作滿足與組織承諾對離職意願之影響〉。私立中原大學機械工程研究所未發表之碩士論文。

黃光國（1984）：〈儒家倫理與企業組織型態〉。楊國樞、黃光國、莊仲仁編，《中國式管理研討會論文集》。台北：國立台灣大學心理系。

黃國隆（1986）：〈中學教師的組織承諾與專業承諾〉。《國立政治大學學報》，53期，55-84。

黃國隆（1992）：〈資訊科技與價值觀〉。國科會專題研究計畫成果報告。

黃國隆（1995）：〈台灣與大陸企業員工工作價值觀之比較〉。《本土心

理學研究》，4期，92-147。

陸鵬程（1981）：〈大台北地區加油站員工工作滿足與組織承諾之探討〉。國立政治大學企管研究所碩士論文。

楊啓良（1982）：〈個人特質、組織氣候與組織承諾之研究〉。國立政治大學企管研究所碩士論文。

鄭伯壎（1977）：〈領導行爲研究：領導方式、情境因素及人格屬性對工人工作滿足感的影響〉。國立台灣大學心理研究所碩士論文。

鄭伯壎（1990）：《領導與情境——互動心理學研究途徑》。台北：大洋出版社。

鄭伯壎（1992）：〈有效組織文化的探討：組織價值觀一致性與成員效能的關係〉。行政院國科會專題研究計畫成果報告。

鄭得臣（1985）：〈領導型態、角色壓力、核心生活興趣與組織承諾的關係〉。國立政治大學心理研究所未發表之碩士論文。

楊國樞（1988）：《中國人的蛻變》。台北：桂冠圖書公司。

劉兆明（1992）：〈報與工作動機：基礎理論之建立〉。國科會專題研究計畫成果報告。

Chi, S.C. & Huang, K.L.(1994). An empirical study on employee work value in Taiwan. Paper presented at the America Chinese Management Educators Association IV international Conference, Toronto, Canada.

Farh, J. L., Podsakoff, P. M., & Organ, D. W.(1990). Accounting for organizational citizenship behavior: Leader fairness and task scope versus satisfaction. *Journal of Management*, 16, 705-722.

Fleishman, E.A.(1953). The description of supervisory behavior. *Journal of Applied Psychlogy*,37,1-6.

Kalleberg, A.L.(1977). Work values and job rewards: A theory of job satisfaction. *American Sociological Review*, 42, 124-143.

Kluckhohn, C.(1962). Values and value-orientations in the theory of action:An exploration in definition and classification, In T. Parsons & E. Shils (Eds.), *Toward a General Theory of Action.* N. Y.: Harper.

Locke, E.A. & Henne, D.(1986). Work motivation theories. In C. L. Coooper & I. Robertson (Eds.), *International Review of I/O Psychology*, chapter 1, 1-35.

Organ, D. W.(1988). *Organizational citizenship behavior: The good soldier syndrome.* Lexington, MA:Lerington Books.

Podsakoff, P. M., Mackenzie, S. B. Moorman, R. H. & Fetter, R.(1990). Transformational leader behaviors and their effects on trust, satisfaction, and organizational citizenship behavior. *The Leadership Quarterly*, 1, 107- 142.

Poter, L. W., Steers, R. M., Mowday, R. T., & Boulian, P. V.(1974). Organizational commitment, job satisfaction and turnover among psychiatric technicians. *Journal of Applied Psychology*, 19, 475-479.

Robbins, S. P.(1996). *Organizational behavior: Concepts, controversies, and applications.* 7th edition. Englewood Cliffs, N.J.: Prentice-Hall.

Rokeach, M.(1973). *The nature of human values.* New York: The Free Press.

Smith, C. A.(1982). Job satisfaction, workplace environment and personality traits as source of influence on helping behaviors: A social exchange perspective. Unpublished Dissertation.

Super, D.E.(1970). *Manual: Work values inventory.* Boston: Houghton-Miffin.

Super, D.E.(1980). A life span, life space approach to career development. *Journal of Vocational Behavior,*16(30), 282-298.

Vanus, D. & McAllister, I.(1991). Gender and work orientation. *Work and Occupations,* 18(1), 72-93.

三個世代大學畢業工作者的價值觀

王叢桂

東吳大學心理學系

〈摘要〉

　　本文係作者於1992到1993年之間以台灣地區數所大學，1967、1977、1987三個世代的畢業生爲對象進行晤談與問卷調查。其目的在建立一份工作價值量表，並透過文獻與訪談瞭解影響工作價值的重要因素，主要發現如下：

　　1.各世代工作者在就業後，其工作目的與手段價值皆有改變，目的價值改變最大的是追求「平安和諧」與「外在酬賞」，手段價值變化最大的是「務實取向」與「謙和寬容」。

　　2.各世代工作者在工作目的與手段價值上有差異，初就業時，年輕世代比年長世代重視「內在酬償」與「外在酬償」的目的價值，也較爲重視「弘毅與才幹」及「謙和寬容」的手段價值；就業多年後，年長世代比年輕世代重視「集體利益」的目的價值，及較爲重視「安份守禮」與「正義與自律」的手段價值。

　　上述價值的差異可能是由成長時期社會規範、工作經驗中與組織成員及組織互動，及生涯發展位階等不同因素造成。

　　社會環境的變化與社會成員價值觀的改變有密切的關聯，Brindley（1989, 1990）根據他與台灣學術、政治及經濟界的重要人物的晤談結果，指出由於台灣社會在短短四十年之內，由農業社會轉變爲工商社會，完成其他國家經歷數百年才達成的工作，過於快速的社會變遷與文化的移植，使新舊觀念交雜，影響所及，每個人都處於多元價值的衝擊之中（Brindley, 1990:

9-10)。其中工作價值的變遷與社會結構、生活型態與經濟發展會互動影響，這方面的研究有理論上與實用上的意義。

華人傳統的工作價值曾被視爲是影響東亞經濟發展的重要因素 (Hofheinz & Calder, 1982)。近數年來政府與企業界也將員工傳統工作價值的喪失視爲不利於經濟發展的要因之一。然而，在研究者進行本研究時，國內尚缺乏工作價值觀變遷的實徵研究。本研究係以台灣經濟發展的不同階段的三個年代的大學畢業工作者爲對象，檢驗各世代間工作價值的異同，並進一步瞭解那些因素與價值觀念的變遷有關。

由於以往工作價值的實徵研究大多使用修訂的西方心理學者發展出的量表，並多以大學生爲對象進行調查，未能針對本地工作者的價值觀作瞭解。這樣的作法有兩項缺點，其一爲透過西方學者的理論框架與測量工具來瞭解國人，忽略了國人特有的價值認知結構。其次爲工作價值有賴工作經驗方能成熟穩定 (Schein, 1980；Super, 1980)。大學生缺乏工作經驗，其認知架構中的工作價值可能仍是模糊不清的。針對上述缺失，研究者在開始探索工作價值觀的變遷時，採取下列的研究方式。首先，研究者閱讀文獻瞭解已有的工作價值或有關的研究，找出有關本地工作者工作價值的描述與可能影響價值觀發展的重要因素，而後進行訪談。

研究者自文獻與訪談中整理出兩類影響工作價值觀主要的因素：(1)意識型態因素，傳統與現代化價值觀皆以集體意識的型態存在，並經由各類社會機構傳遞給個人；個人成長歷程中的重要個人與環境因素亦會影響個體的價值觀。例如：個人早期社經背景、生涯發展階段、工作性質、教育訓練的專長與性別角色等皆分別影響或互動性地影響個體之工作價值。爲了瞭

解不同成長背景者在工作價值上的差異，研究者擇取三個世代的大學畢業工作者，請其描述其工作價值觀的內容與形成過程。根據上述兩項步驟，研究者進行工作價值問卷的編纂，並檢驗各世代在工作價值觀上之差異，與可能影響工作價值的因素的效果。

一、相關文獻

㈠工作價值

　　Rokeach（1973：5）將價值界定爲「個人一種持久的信念，相信個人或社會偏好某一特定的行爲或事物的結果狀態更勝於相對的行爲或事物結果狀態」。他並進一步將價值分爲兩類，其一爲與個體追尋的目的狀態有關的價值觀稱爲目的價值，另一爲個人行爲方式的價值觀稱爲手段價值。若自Rokeach 的概念來看，過去研究工作價值的研究，雖然在名稱上都叫工作價值，然而大都皆僅測量工作目的價值或工作手段價值。例如Kalleberg（1977：129）將工作價值定義爲「個體自工作有關的活動想得到的事物」，此一界定即類同於Rokeach分類中的目的價值。Kalleberg（1977：28）的工作價值量表包含內在動機（intrinsic）、方便性（convenience）、人際關係（relationship with co-workers）、生涯（career）及資源妥適性（resource adequacy）等五個向度。Vaus & McAllister（1991）的工作價值概念與Kalleberg相類似，包含內在價值（intrinsic value）與外在價值（extrinsic value）兩類目的價值因素。

　　明尼蘇達大學編製的工作意義與價值量表（meaning and value of work scale）（引自 Kazanas, 1978），測量工作中隱含的內在目的價值如獨立、滿足、助人、自律、自我實現、興趣等項目，及外在價值如經

濟獨立、工作環境、地位榮耀、人際關係、安全、被重視等項目。Macnab & Fitzsimmons（1987）以Super（1970）的工作價值量表，工作重要性研究編製的價值量表，Pryor（1979）編製的工作偏好量表（Work Aspect Preference Scale，簡作WAPS），與明尼蘇達重要性問卷（Minnesota Importance Questionnaire）測量中與工作適應有關的需求等四個量表進行多特質多方法（multitrait-multimethod）的分析，他們發現這四個量表都測量到八個因素如權威、夥伴、創意、獨立、安全、利他、工作環境與榮耀，所著重的仍是工作的目的價值。

　　相對的，Hofstede（1980）以四十個國家工作者為受試，建構出來的工作價值問卷則包含個人主義（individualism）、男性特質（masculinity）、權力距離（powerdistance）與不確定性逃避（uncertainty avoidance）等四個因素，這些價值觀偏重在手段價值方面的測量。

　　另一項常被用來測量工作者價值的是基督新教工作倫理量表（Protestant Work Ethic）（Mirels & Garrett, 1971），其測量內容偏重個人對工作持有的價值，例如是否重視勤勉（industrious）、努力工作（hard working）、雄心（ambitious）及內在自發性（intrinsically motivated）等，也較偏向於手段價值的測量。

　　西方學者在解釋亞洲新興工業的經濟成長時，曾推論儒家的價值觀中重視人倫、對家庭忠誠奉獻、重視紀律、節儉、勤奮、堅忍、回報等項目，可能是使這些國家經濟成長的重要因素（Berger, 1983，引自黃光國，1983:147；Kahn, 1979；MacFarquhar, 1980）。最近的一項研究（The Chinese Culture Connection, 1987）指出儒家價值觀中特有

的「儒家工作動力因素」（Confucian workdynamism）在西方工作價值
觀中，沒有對等的建構。該因素測量的內容主要是與達成工作有關的
手段價值如節儉、堅忍、重情面等，而不是工作者所追求的目的價值。
楊國樞、鄭伯壎（1987）以九家私營公司從業人員為對象測量其傳統
價值觀，所得五個因素中的「謙讓有禮」、「面子關係」、「團結和諧」、
「克難刻苦」在概念上可劃分為達成工作目的所重視的手段價值。在
同一研究中，楊、鄭二氏使用的工作偏好量表亦測量了工作追求的目
的，唯其內容並未涵蓋國人認為重要的目的價值。

　　如上所述，以往測量工作價值觀的量表內容或測量目的價值，或
測量手段價值，不論其所測的工作價值內容為何，但皆未能明確定義
工作價值之意，易使人對工作價值的概念混淆。相對於學術界，政府、
企業界與媒體對工作價值的內容亦缺乏清楚區分。

　　然而，手段價值與目的價值不一定受同樣的變遷因素影響，手段
價值亦可能配合目的價值而改變。黃光國（1991）對中國人的價值變
遷曾提出一項看法，即現代國人的目的價值沒有多大改變，仍在追求
福祿壽喜等具體的外在酬賞，而不是追尋美感、知識與自我實現等西
方現代化社會重視的內在取向的目的價值。但是，國人在手段價值方
面則已接納了西方現代化社會重視的效率、準確等價值。黃光國（1994）
根據其儒家思想轉化觀念進一步預測「在『手段價值』方面，知識分
子會將『以道修身』的方向轉向『能力價值』，用『好學、力行、知恥』
的方法來學習源自西方的各種知識體系；在『目的價值』方面，由於
個人『能力價值』提昇，由於個人不再像傳統知識份子那樣，只致力

於學習『道德價值』，隨著個人能力的增強，以自我爲中心的『個人性價值』也 會逐漸提昇」（頁11）。

　　研究者在訪談中也發現，工作目的價值與手段價值之間有互動關係。舉例而言，就性別角色方面來說，在目的價值上，一般女性工作者受社會對「性別角色」的看法的影響傾向於追尋可以配合家庭的穩定的工作環境。手段價值方面，因爲要追求安定的生活，故常擔任秘書等輔助工作，因而重視耐性與和諧。男性則有求成功的壓力；爲求功成名就，手段價較強調努力、才幹、能力。欲瞭解個人工作價值之間的互動，必須就目的與手段價值作區分，因此，本研究採用Rokeach的價值分類概念，將工作價值分爲工作目的價值與工作的手段價值兩項，前者是個體工作的目標，後者是爲達成工作目標而重視的價值，並依據此概念建構量表。在下文中研究者簡略的探討傳統文化與現代化對國人工作目的與手段價值的影響。

㈡傳統價值的社會化

　　葉啓政（1982）自社會學的觀點指出傳統乃是一個特定的社會群體用來回答和處理有關於人類生存及社會秩序之重要問題的基本模式。傳統價值是相當多數群體成員接受的集體意識，它是個體可以輕易套用的思想或行爲模式。Brindley（1989：114-115）根據其訪談結果將仍會影響國人行爲的傳統價值分爲五類，第一類與人之關係（human relationship）有關的價值，包含仁、人情、關係、面子等。這類價值使中國人重視關係與階級輩份，並發展出相對應的行爲法則。第二類是

「道」或者說是道德（morality）或自律（self-rectification），其中包含仁、義、禮、恕及中庸。這五種價值導引中國人重視自律與勤苦、努力工作或向學，並遵守忠、義、互惠與報答等工作倫理規範。第三類價值是家庭關係中的孝包含尊重父母、維持家庭和諧、祭祖、傳嗣等價值。第四類價值是權威主義（authoritairanism），相信長者、高位者、精英分子的統治權力，服從權威，強調階級與地位。第五類價值是實際（practicality）、生存（survival）與物質主義（materialism）。重視生存與實際，使中國人能適應環境壓力，同時也使國人相當能包容（inclusive）不同理想與價值觀念。重實際的價值與孔子重視教育的價值相結合，也使改善生活成為教育的目標。上述傳統價值仍透過各類機構（Brindley, 1989）及正式教育體系（李戈北，1993）傳達給下一代。

研究者根據相關文獻與初步訪談所得，將傳統文化與社會結構對國人工作價值的影響歸納如**表一**。

㈢現代化的影響

Brindley（1990：1）將台灣現代化價值按其影響來源分為四類，分別是科學（science）、功能主義（functionalism）、物質主義（materialism）與獨立自主（independence）。重視科學化的思考與組織的方式，使人們更容忍開放地接受新意見；由於講求客觀證據，也使人們重視民主與效率。功能主義的盛行，使人民重視事情的實際結果，而不是其道德意義；功能主義更與傳統價值中重視實際與生存的價值相結合，使人們重視用處（utility）、工具性（instru－mentality）與效率

表一　傳統文化對國人所重視的工作價值的影響

可能使國人重視	
工作目的價值方面	工作手段價值方面
外在酬賞向度 　⑴和諧的人際關係 　⑵經濟報酬 　⑶社會地位與贊許 　⑷生活的安定與安全 　⑸社會贊許的生活方式 內在酬賞向度 　⑴個人道德理想的實踐 　⑵濟世淑民等社會服務工作	⑴尊卑有序 ⑵節儉 ⑶毅力或堅毅 ⑷知恥 ⑸禮尚往來、互惠 ⑹穩重 ⑺面子 ⑻尊敬傳統 ⑼努力工作 ⑽通權達變 ⑾自我約束 ⑿重視實際

（efficiency）等手段價值，但卻不重視行為的道德與人文意義等目的價值。

　　重視物質主義使人們追求物質享樂，同時也使人們逐漸忽視傳統價值中重視成為君子的自我約束的手段價值，與服務社會、促進國家發展等群體取向的道德性工作目的價值，轉而注重偏向個人享樂的目的。由楊國樞（1988）的研究中可以看出愈年輕的大學生此種享樂傾向愈強。物質主義的另一影響是使年輕一代選擇輕鬆的方式過自己要過的生活，並且追求快樂與成功的捷徑。

　　由於台灣年輕一代受美式文化及生活方式影響甚大，研究者認為

美式文化的價值可能成為此處人民模仿認同的對象。Schiffman ＆ Kanuk（1991：410-422）將美國核心價值分為下列數項：成就（achievement）與成功（success）；活力（activity）；有效與實際（efficiency and practicality）；進步、追求改變（progress）；物質享受（material comfort）；個人主義（individualism），強調獨立自我，不依賴他人；自由（freedom）；服從規範（conformity）；人本主義（humanitarianism）；年輕活力（youthfulness）；身材與健康（fitness and health）。上述這些價值觀，似乎已相當為台灣的人們所接納。

綜合相關文獻，研究者將現代化及美式文化對國人的工作價值可能的影響歸納如**表二**。

㈣成長歷程中影響工作價值變遷的因素

研究者在進行工作價值研究時，曾訪談了七十一位不同年代背景的工作者，希望自他們主觀的解釋中瞭解那些因素影響他們對工作目的價值的追求與手段價值的形成，整體而言，常被提及的因素有、「初就業時的社會經濟環境與社會規範」、「大學專長訓練的影響」、「工作環境」與「機緣」等因素（王叢桂，1992：39-51）。另研究者發現「性別角色」亦為影響工作目的及手段價值之因素。

綜合上述受訪者主觀解釋與現有文獻中對價值觀變遷的解釋，研究者試圖對各世代價值觀的形成與可能的差異提出如**圖一**所示之探索性的看法。

表二　現代化與美式文化對國人所重視的工作價值的影響
　　　可能使國人重視

可能使國人重視	
工作目的價值方面	工作手段價值方面
外在酬賞向度 (1)個人喜歡的生活方式 (2)享樂 (3)權勢 (4)名聲、社會贊許與社會地位 (5)財富（經濟報酬） (6)生活變化與新奇性 內在酬賞向度 (1)追尋眞理 (2)追尋知識 (3)人本關懷 (4)工作自主與獨立 (5)工作能發揮個人特性 (6)自我肯定與個人認定的成就 　　感	(1)理性思考 (2)重視實徵 (3)效率 (4)容忍開放 (5)民主 (6)實際 (7)反權威 (8)自我肯定 (9)自由 ⑾主張個人權利

圖一

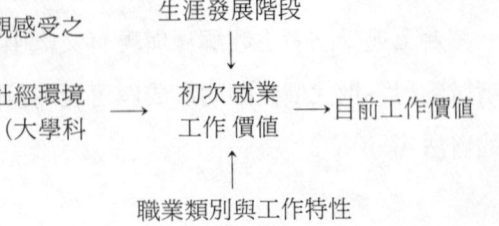

1.個人價值形成時期主觀感受之
　社會規範與集體價值
2.個人價值形成時期的社經環境
3.教育經驗與專業訓練（大學科
　系）
4.性別

生涯發展階段
↓
初次 就業
工作 價值 ——→ 目前工作價值
↑
職業類別與工作特性

　　Super（1980）指出工作是建立自我概念的重要因素。本研究的調查亦顯示多數受試在高中、大學、初就業與轉業時四個時期開始思考其工作目的與手段價值（王叢桂，1992：56），而由晤談中亦發現工作經驗有助於澄清與確立工作目的與達成目的所需之手段價值，故可視高中到工作初期為其工作價值之形成的重要時期，此時期之社會經濟的物質條件與社會規範會影響工作者初就業時的工作目的與手段價值。不同年代社經背景的不同可能使出生於不同世代的工作者產生不同的工作價值。例如：快速經濟成長與財富累積，使組織可以用外在酬賞來增強工作者，使工作者愈來愈重視外在酬賞。成長與富裕引發的是民眾工作目的價值的多元化，而職業種類與特性快速變化，就業者必須隨時求新求變，也隨時可能自願或被迫轉換工作。成長於此種環境下的工作者可能愈來愈不重視安份守己、忠於工作、重視人倫關係等傳統工作手段價值。

　　台灣教育制度的機會均等與公職考試兩項政策，提供給低下階層的人有往上爬升的機會，也可能會強化傳統中認為教育可以提升社經地位的「功利價值」觀念。同時也維繫傳統工作手段價值中勤勉向學與堅忍的價值觀。此外，李戈北（1993）分析兩岸的小學教科書發現，「兩岸所教導的價值觀的共同交集，主要是在修身齊家方面的道德法則與行為準繩」（頁35）。區潔珍（1993：23-24）分析台港兩地的小學國語及社會課本內容，也發現傳統價值如重視家庭、家族、尊古尊老、服從或崇拜權威等仍被強調。這些皆顯示傳統價值仍經由教育體系傳遞給下一代。

　　教育除維繫傳統價值觀外，亦可能透過對西方思潮的引入，使歐美式價值觀得以在高等教育機構及工商企業傳播，對大學生的價值觀的變遷應有某種程度的影響。楊國樞（1989）於1964年到1965年間曾對台灣的大學生作他們最喜歡的生活方式的調查，發現「……西化或現代化的浪潮早已動搖了中國人的某些核心的傳統價值觀念」（頁289）。不過他也發現「……(A)目前中國大學生最喜歡的生活方式方面所具有的特點是：(a)接受社會的約束，保存人類良好的傳統與成就；(b)以克制與修養律己，以溫情與善意待人；(c)在中庸無偏及兼容並蓄的原則下，使行動、享受、及冥想適度地配合。(B)目前中國大學生最不喜歡的生活方式所具有的特點是：不顧他人與社會，以自我為中心、率性而放縱地享樂。綜括而言，中國大學生比較重視社會生活、比較關心他人、比較接受社會約束──他們的價值取向是以社會為中心的（society-centered）」（頁285）。雖然以今日的眼光來看，當時的大學生的價值觀念可以說仍是比較接近傳統的價值。

　　楊國樞（1988：221-222）在1984年後再以同樣的問卷測量大學生的價值觀，發現與1964年大學生比較，1984年的大學生在「社會約束與自我控制」及「行為為樂與進步是尚」因素上的價值減低，而在「自我縱容與感官享樂」因素上價值增高，代表1984年的大學生更朝向Inglehart（1977）的物質主義價值觀念（materialistic value）變遷。

　　何英奇（1990：119）以台灣師大及高雄師大教育院系學生為受試者比較1984年與1989年兩校同性質的樣本，也發現1989年的師大學生有更重視物質生活與報酬，更不重視「作我認為值得作的事，過和平

寧靜的生活與作有益社會的事」的價值變遷傾向。上述研究的學生在目的價值上的變遷有可能是反映社會經濟結構的改變，亦有可能是在接受西方重視個人及現實取向的教育後較敢於表露其對物質慾望的喜好。

教育對工作價值的另一項影響為其「專業特性」，根據何英奇（1986：136）的研究顯示，人文與理工學科大學生在生活態度與價值觀上有差異。陳英豪、汪榮才、劉佑星、歐滄和、李坤崇（1988）等人也發現，各學院學生在他們修訂的 Super（1970）的工作價值量表上有差異，例如與其他學院比較，文學院與教育學院較偏重利他價值，工學院較文學院偏重創意的尋求，商學院較理與農學院更重視成就及聲望。商、工與法學院較理、農學院重視經濟報酬等工作價值。大學生的價值差異可能是由於個人在選擇科系時的價值即有不同，但也可能是各學科教育訓練的影響，當然更可能是二者交互作用產生的影響。

在本研究中，研究者依據中華民國統計年鑑（1990）中教育科系的分類，將受訪者按其大學所學科系分為四大類別，即「人文學科」、「理工學科」、「社會科學」及「法商學科」，研究者認為人文學科的訓練與工作可能使他們較重視傳統目的與手段價值，法商學科由於直接參與經濟活動，故在工作目的與手段價值變遷上可能較重視外在酬賞與務實。理工學科與社會科學學生受科學思考的影響，其目的與手段價值可能較趨向內在酬賞與注重科學理性。就業後「工作性質」應會影響個體工作價值，例如：公務員與民營企業人員其工作價值相當不

同。

　　就個體生涯發展來看，自就業起到退休爲止，個體以工作爲中心不斷的建立與修正自我的價值概念，隨著所處生涯發展時期的不同，個人目前重視的工作價值來看，各世代之間可能也有所不同。依此所以本研究就Super（1980）的生涯發展的三個不同時期，選擇三個世代，比較處於不同時期的各個世代間工作價值之差異。

　　有關成人的心理發展歷程的理論模式以Erikson（1968）的心理社會發展模式較爲完備。然而，Erikson 的模式係根據歐美中產階級的生活觀察歸納而得，如果 Erikson的模式適用於台灣的受過高等教育的中產階級，那麼根據他的理論，較早的世代應該較爲重視服務、利他等價值，較年輕的世代由於仍處探索時期，則可能較重視生活方式的自由安排，探索個人興趣與專長等工作目的價值，處於中間的世代正處於建立個人的事業的時期，重視的可能是社會聲望、成就等方面的目的價值。另外，就中國知識分子的重視立功、立德、立言等傳統特性來看，年紀愈高的世代在服務社會等利他性工作價值觀上可能較年輕世代者高。

　　影響工作價值改變的另一項重要因素是「工作經驗」。研究者在訪談中發現，多數工作者在初就業時都強調，希望能學得一項專業，並且願意投入時間學習；但是在工作中他們發現有相當多時間需投入人際關係的處理，隨著工作位階的上升，人際關係的協調能力及管理能力愈形重要。而工作上的挫折使各世代工作者皆瞭解專業學習的重要性，在此階段公營事業及公教人員明顯的有差別。公教人員較重視謹

愼、學習組織應有的程序與按步就班。民營事業的工作者則較重視能力的培養，並強調外在酬賞（地位、金錢、受訓機會）是能力成長的產品。

　　工作中另一項重要影響是組織中尊卑倫理的建立，年長世代服從性較高，他們開始工作時的年代，台灣各類組織的尊卑關係亦較明確，後者可能會強化了原先持有的價值。年輕世代雖然在長輩眼中較不懂「倫理」；較重視能力與急於成功，但訪談中發現他們也感覺到組織的壓力，而且學習接受此種尊卑關係。

　　研究者在訪談時，發現男女性在工作的目的與手段價值上有明顯的差異，此種差異的來源可能來自社會對性別角色的期望，此種期望亦可能經由工作經驗與家庭等途徑傳遞給工作者，例如：男性工作者較強調事業的成功的重要性，在需衝刺時會要求妻子放棄並配合其發展，女性在晉升或有受訓升遷機會時，會先考慮家庭因素，即使是年輕世代女性亦表示婚姻與家庭會影響其工作的規劃（趙文藝、沙依仁、盧金山，1986）。研究者認為男性會較女性更重視功成名就的目的價值，為達成此種目的，男性需有配合之手段價值如勤奮、努力、才幹、務實等。

二、研究方法與研究問題

㈠受試者的選擇

　　一般生涯學者研究工作價值常假設個體價值觀會影響其生涯選擇，個人價值固然影響其就業選擇與生涯規劃，但其初期工作經驗對個人的價值觀亦有相當的影響，個體可能必需透過工作經驗才能形成較穩固的工作價值（Schein, 1980；Krau, 1987）。而初次就業時的社經、人文背景與施測時的工作背景可能並不相同，個人的經濟狀況、工作能力也可能改變，因此在研究工作價值時，本研究透過訪談由受訪者回溯（retrospect）其初次就業時認為重要的「工作目的與手段價值觀」與施測時認為重要的「工作目的與手段價值觀」，希望透過這些指標來反映世代之間與個體本身的工作價值變遷。

　　根據台灣經濟成長變遷，研究者擬定選擇1960年代，1970年代及1980年代畢業的大學生為對象進行研究，以大學畢業學生為研究對象的原因有二種，其一為大學生的口語與文字表達能力較高，另一項原因是大學畢業生是社會現代化的主要推動者。另外，為考慮就業機會多寡可能的影響，本研究擬以1967、1977、1987三個年代的大學畢業生為對象進行唔談，這三個年份的失業率分別為1.72%、1.67%、1.97%，值得注意的是，男性大學畢業生的就業年齡因兵役延後兩年。

不過，1969、1979、1989三年的失業率分別為1.88%、1.27%、1.57%（行政院主計處，1993），顯示失業的衝擊並未較大。

㈡問卷編製

工作的目的價值與手段價值之問卷編纂係依據現有文獻中，有關工作價值之描述與晤談結果編製，並以大學生為對象作初步問卷測試，測試結果刪除文義不清，或受試填答有所困難之題目。正式施測後，問卷有關的分析請參考結果分析中之量表分析部分。

㈢研究問題

根據研究者在文獻中的討論，研究者提出下列主要研究問題如下：

問題一：按照Super（1980）及Schein（1980）等人的概念，就業經驗是價值觀念社會化的重要步驟，亦即就業經驗、成長背景與生涯發展階段是否會使工作者在初就業時的價值觀與目前（接受調查時）不同？

問題二：不同世代在成長時期社經背景之不同，與目前（接受調查時）所處生涯發展階段的不同，在工作目的與手段價值上是否不同？

問題三：由於人文、社會、理工、法商學院著重不同的工作目的與手段價值，專業教育是否會影響工作者的目的與手段價值？

問題四：由於工作環境的規範與個體工作價值應有互動影響，工作性質是否會影響個體的目的與手段價值？

問題五：社會上對「性別角色」仍有不同的期望，性別角色是否會影響工作目的與手段價值？

三、結果分析

㈠樣本特性

　　本次調查共發出911份問卷，回收有效問卷共計546份。受試者中1967年代畢業之大學生男性84人，女性11人；1977年代畢業之男性大學生141人，女性82人；1987年代代畢業之男性大學生135人，女性93人。女性受訪者人數較少，尤以1967年代為最少。究其原因為1967年代女性大學生人數本來就不多，因公職人員服務年資滿二十年即可退修，故尚在就業者人數甚少，1987年代則因為女性不必服兵役，許多人都出國深造，造成取樣不易。

㈡量表分析

　　研究者根據文獻及晤談資料編製工作目的與手段價值量表，而後以大學畢業與目前的工作目的價值與手段價值問卷結果進行因素分析。採主軸分析與正交轉軸方式，結果分別呈現於**表三**到**表六**。

表三　大學畢業時工作目的價值之因素分析

項　　目	因素一 內在酬賞	因素二 外在酬賞	因素三 集體利益	因素四 平安和諧	因素五 工作環境	共　同 變異量
(01)工作能發揮個人專長	.75					.63
(02)個人認定的成就感	.68					.58
(03)肯定自我	.68					.57
(04)自我的成長與進步	.67					.55
(05)個人理想的實踐	.67					.55
(06)發揮創造力	.64					.52
(07)工作符合個人興趣	.63					.51
(08)工作自主與獨立	.56					.52
(09)追尋眞理與知識	.55					.60
(10)尊嚴、自尊	.52					.40
(11)個人喜歡的生活方式	.45					.35
(12)名望與社會地位		.78			.71	
(13)權勢、能影響與支配他人或 資源		.77			.65	
(14)財富(經濟報酬)		.70			.55	
(15)物質享受		.59				.41
(16)社會贊許		.50				.38
(17)生活變化與新奇性		.42				.33
(18)國家民族的發展			.64			.48
(19)服務社會			.63			.58
(20)幫助他人			.55			.55
(21)個人志業得以延續 (薪火相傳)			.34			.34
(22)內心的和諧				.73		.62
(23)和諧的人際關係				.61		.46
(24)平安、生活的安定與保障				.56		.40
(25)舒適的工作環境					.48	.46
變異解釋量百分比	32.5%	7.8%	4.4%	3.5%	2.3%	50.6%

表四　目前（問卷施測當時）當作目的價值之因素分析

項　　目	因素一 內在酬賞	因素二 外在酬賞	因素三 集體利益	因素四 平安和諧	因素五 工作環境	共　同 變異量
(01)個人認定的成就感	.74					.61
(02)工作能發揮個人專長	.74					.60
(03)肯定自我	.70					.59
(04)工作符合個人興趣	.64					.46
(05)發揮創造力	.62					.46
(06)個人理想的實踐	.60					.49
(07)自我的成長與進步	.60					.51
(08)尊嚴、自尊	.55					.42
(09)工作自主與獨立	.53					.35
(10)個人喜歡的生活方式	.33					.16
(11)名望與社會地位		.80				.70
(12)權勢、能影響與支配他人或 　　資源		.75				.60
(13)財富(經濟報酬)		.70				.57
(14)物質享受		.68				.50
(15)社會贊許		.56				.48
(16)舒適的工作環境		.43				.29
(17)生活變化與新奇性		.40				.39
(18)服務社會			.76			.68
(19)國家民族的發展			.70			.52
(20)幫助他人			.54			.44
(21)追尋真理與知識			.50			.51
(22)個人志業得以延續 　　(薪火相傳)			.39			.40
(23)平安、生活的安定與保障				.63		.45
(24)和諧的人際關係				.61		.45
(25)內心的和諧				.50		.43
變異解釋量百分比	27.3%	10.1%	5.1%	3.3%	1.9%	47.8%

表五　大學畢業時手段工作價值之因素分析

項　　目	因素一 理性與 務實	因素二 謙和寬容	因素三 自　律	因素四 安份守禮	因素五 正　義	共　同 變異量
(01)理性思考	.67					.55
(02)自我肯定	.63					.51
(03)獨立	.61					.44
(04)有志氣抱負	.60					.45
(05)求新求變	.60					.45
(06)正義感	.56					.41
(07)科學精神	.54					.45
(08)能幹	.52					.45
(09)效率	.49					.45
(10)恩威並重	.47					.49
(11)學識	.45					.41
(12)堅守原則	.43					.41
(13)反權威	.41					.28
(14)重視實際	.39					.42
(15)隨和		.64				.52
(16)謙虛		.62				.50
(17)親和力		.59				.48
(18)團結合作		.58				.51
(19)寬容雅量		.58				.51
(20)有禮貌		.56				.52
(21)謹慎		.55				.50
(22)耐心		.53				.52

表五（續）

項　目	因素一 理性與 務實	因素二 謙和寬容	因素三 自　律	因素四 安份守禮	因素五 正　義	共　同 變異量
(23)安份守己		.50				.52
(24)中庸之道		.50				.38
(25)通權達變		.43				.40
(26)負責任			.71			.67
(27)誠懇			.60			.54
(28)知恥			.59			.55
(29)勤勞、努力工作			.59			.51
(30)毅力或堅毅			.58			.52
(31)信用			.52			.48
(32)自我約束、自制			.43			.31
(33)忠誠					.43	
(34)尊重傳統				.67		.51
(35)尊卑有序				.58		.43
(36)節儉				.55		.43
(37)面子				.50		.39
(38)服從				.47		.46
(39)穩重、穩定				.47		.48
(40)禮尚往來、互惠				.40		.35
(41)寡慾				.37		.37
(42)廉潔					.58	.58
(43)清高					.53	.40
(44)正義感					.47	.42
(45)民主					.46	.43
變異解釋量百分比	31.6%	5.5%	4.2%	2.9%	2.5%	46.7%

註：手段價值部分，因素數目設定為五個因素

表六　目前(問卷施測當時) 手段工作價值之因素分析

項　　目	因素一 弘毅與 才幹	因素二 謙和寬容	因素三 安份守禮	因素四 正義與 自律	因素五 務實取向	共　同 變異量
(01)負責任	.65					.64
(02)毅力或堅毅	.64					.49
(03)理性思考	.63					.55
(04)有志氣抱負	.63					.52
(05)自我肯定	.62					.52
(06)效率	.60					.51
(07)勤勞、努力工作	.59					.48
(08)誠懇	.56					.52
(09)學識	.50					.42
(10)堅守原則	.47					.52
(11)獨立	.46					.38
(12)信用	.46					.46
(13)耐心	.43					.41
(14)隨和		.60				.48
(15)有禮貌		.60				.52
(16)謙虛		.57				.51
(17)寬容雅量		.54				.52
(18)親和力		.51				.51
(19)團結、合作		.51				.53
(20)謹慎		.48				.43
(21)中庸之道		.50				.39
(22)自我約束、自制		.43				.47
(23)尊重傳統			.65			.50
(24)尊卑有序			.58			.44
(25)節儉			.55			.40
(26)安份守己			.50			.50
(27)穩重、穩定			.50			.51

表六（續）

項　　目	因素一 弘毅與 才幹	因素二 謙和寬容	因素三 安份守禮	因素四 正義與 自律	因素五 務實取向	共　同 變異量
(28)服從			.47			.48
(29)面子			.46			.44
(30)知恥			.44			.52
(31)禮尚往來、互惠			.40			.34
(32)民主				.65		.51
(33)正義感				.63		.53
(34)清高				.57		.51
(35)反權威				.49		.28
(36)廉潔				.47		.50
(37)忠誠				.43		.44
(38)寡慾				.41		.37
(39)重視競爭					.55	.44
(40)能幹					.50	.54
(41)重視實際					.50	.40
(42)求新求變					.46	.48
(43)恩威並施					.46	.38
(44)通權達變					.44	.35
(45)科學精神					.40	.46
變異解釋量百分比	31.9%	4.9%	4.3%	3.1%	2.7%	46.9%

註：手段價值部分，因素數目設定爲五個因素

　　就目的價值的分析結果看來，初就業與目前的因素分析結果相類似。研究者根據其內容是否具有意義，選擇前四個因素分別命名爲「內在酬賞」、「外在酬賞」、「集體利益」、「平安和諧」。前面二個因素與國外研究工作目的價值常發現的工作價值或動機的因素結構相同（參

考文獻部分，Kalleberg, 1977；Vaue & McAllister, 1991；Kazanas, 1978；Pryor, 1979等人之研究）。「集體利益」與「平安和諧」二因素的各項價值觀則較屬於我國社會傳統強調的價值觀。

就手段價值的分析來看，初就業與目前的因素分析結果只有部分類似。初就業的價值因素可命名為「理性與務實」、「謙和寬容」、「自律」、「安份守禮」及「正義」。目前的價值因素分別命名為「弘毅與才幹」、「謙和寬容」、「安份守禮」、「正義與自律」、「務實取向」。研究者個人認為後一種分類較符合國人對工作手段價值的概念分類，因此以後一種分類的五個因素來進行因素分數的計算，並進行後續的各項分析。

㈢研究問題分析

針對各世代在初就業時與目前的工作價值上是否有差異此一問題，以各因素為依變項，並以配對 t 檢驗比較整體樣本初畢業時與目前的差異，結果見**表七**。

就整體樣本的目的價值來看，平均得分變化最大的是「平安和諧」因素，其次是追求「外在酬賞」因素，而後是「內在酬賞」因素與「集體利益」因素。就手段價值來看，變化最大的是「務實取向」因素，其次是「謙和寬容」因素，再其次分別是「弘毅與才幹」、「安份守禮」及「正義與自律」因素。就各項價值受重視的程度來看，初就業時最重視的是工作能否帶來成長的機會的「內在酬賞」因素，但在就業之後最重視的是「平安和諧」因素。手段價值方面，初就業與目前皆最

表七　整體樣本初就業與目前在目的與手段價值上的配對 t 檢驗表

因素名稱	人數	初就業平均數	目前平均數	t 值	雙尾檢驗
1.目的價值：					
內在酬賞	552	4.80	5.31	－ 9.06	p＜.000
外在酬賞	533	3.32	4.27	－17.77	p＜.000
集體利益	535	3.89	4.37	－ 8.75	p＜.000
平安和諧	539	3.38	5.99	－25.73	p＜.000
2.手段價值：					
弘毅與才幹	533	5.07	5.59	－13.36	p＜.000
謙和寬容	535	4.72	5.52	－19.34	p＜.000
安份守禮	532	4.35	4.83	－12.05	p＜.000
正義與自律	534	4.71	4.79	－ 4.11	p＜.035
務實取向	535	4.21	5.13	－21.34	p＜.000

強調「弘毅與才幹」因素。

　　研究者進一步比較各個年代就業後價值變化的情形。就1967年代畢業者來說，其變化方向與整體樣本類似，對各項價值皆是愈來愈重視。目的價值方面變化最大的仍是「平安和諧」因素，次為「外在酬賞」因素，而後為「集體利益」因素與「內在酬賞」因素。就手段價值來看，按變化大小依序為「謙和寬容」、「務實取向」、「弘毅與才幹」、「安份守禮」及「正義與自律」因素。就重視程度來看，目的價值方面，初就業時最重視「內在酬賞」因素，目前則最重視「平安和諧」因素。手段價值方面，初就業與目前皆最重視「弘毅與才幹」因素。

表八　1967年代畢業大學生初就業與目前在目的與手段價值上的
　　　配對 t 檢驗表

因素名稱	人數	初就業平均數	目前平均數	t 值	雙尾檢驗
1.目的價值：					
內在酬賞	90	4.48	5.14	－ 4.71	p＜.000
外在酬賞	92	3.21	4.21	－ 6.82	p＜.000
集體利益	93	4.10	4.92	－ 5.62	p＜.000
平安和諧	92	4.05	6.02	－13.27	p＜.000
2.手段價值：					
弘毅與才幹	87	4.96	5.69	－ 8.05	p＜.000
謙和寬容	91	4.51	5.62	－10.16	p＜.000
安份守禮	89	4.53	5.24	－ 7.37	p＜.000
正義與自律	94	4.84	5.31	－ 6.85	p＜.035
務實取向	91	4.16	5.10	－ 8.28	p＜.000

　　1977年大學的畢業生其工作價值變遷方向與1967年代大致類似。
就目的價值方面，在「平安和諧」因素的追求上變化最大，其次是「外
在酬賞」因素，而後是「集體利益」與「內在酬賞」因素。在手段價
值方面，按變化大小順序依次為「務實取向」、「謙和寬容」因素、「弘
毅與才幹」因素、「安份守禮」因素與「正義與自律」因素。就各價值
受重視的程度來看，目的價值方面，初就業時最重視「內在酬賞」因
素，目前最重視「平安和諧」因素。手段價值方面初就業與目前皆最
重視「弘毅與才幹」因素。

表九　1977年代畢業大學生初就業與目前在目的與手段價值上的
　　　　配對 t 檢驗表

因素名稱	人數	初就業平均數	目前平均數	t 值	雙尾檢驗
1.目的價值：					
內在酬賞	209	4.59	5.31	－ 7.56	p＜.000
外在酬賞	216	3.21	4.25	－10.06	p＜.000
集體利益	215	3.81	4.54	－ 8.33	p＜.000
平安和諧	217	4.31	6.05	－16.77	p＜.000
2.手段價值：					
弘毅與才幹	217	4.94	5.54	－ 9.04	p＜.000
謙和寬容	216	4.62	5.50	－13.24	p＜.000
安份守禮	216	4.39	4.89	－ 7.34	p＜.000
正義與自律	213	4.73	4.88	－ 2.25	p＜.025
務實取向	216	4.12	5.07	－13.35	p＜.000

　　　1987年代畢業的大學畢業生其工作價值變遷與上兩個年代略有不
同。按變化幅度大小來看，就目的價值方面，其順序為「平安和諧」
因素、「外在酬賞」因素、「內在酬賞」因素；「集體利益」因素的變
遷不顯著。就手段價值方面，其大小變化順序依序為「務實取向」因
素、「謙和寬容」因素、「弘毅與才幹」及「安份守禮」因素；而在「正
義與自律」因素上反而較不重視。就各價值受重視的程度來看，目的
價值方面，初就業時最重視「內在酬賞」因素，目前最重視「平安和
諧」因素，手段價值方面初就業與目前皆最重視「弘毅與才幹」因素。

表十　1987年代畢業大學生初就業與目前在目的與手段價值上的
　　　 配對 t 檢驗表

因素名稱	人數	初就業平均數	目前平均數	t 值	雙尾檢驗
1.目的價值：					
內在酬賞	214	5.10	5.35	－ 3.27	p＜.001
外在酬賞	216	3.51	4.31	－10.77	p＜.000
集體利益	218	3.87	3.99	－ 1.49	p＜.138
平安和諧	221	4.59	5.92	－14.75	p＜.000
2.手段價值：					
弘毅與才幹	220	5.21	5.59	－ 6.53	p＜.000
謙和寬容	219	4.89	5.52	－10.35	p＜.000
安份守禮	218	4.26	4.64	－ 6.48	p＜.000
正義與自律	219	4.63	4.48	2.50	p＜.013
務實取向	219	4.31	5.19	－14.18	p＜.000

　　比較三個年代畢業大學生在初就業與目前的工作價值觀變遷方
向，就其結果可以說是大致接近，值得注意的是，工作了三、五年的
1987年代畢業生與工作近二十五年的1967年代畢業生其工作目的價
值，皆由初就業時最重視自我成長的「內在酬賞」因素轉變為最重視
「平安和諧」因素。手段價值方面則在初就業及目前皆一貫的最重視
「弘毅與才幹」因素。唯各年代的目前手段價值方面，「務實」與「謙
和寬容」二因素的重視程度較初就業增加甚多。

　　其次的問題是不同世代大學畢業的工作者在初就業選擇職業時，
工作價值觀有無差異？研究者以多變量變異數分析來回答上述問題。
由於各世代女性工作者在選擇職業的價值觀上與男性不同，且不同世
代間女性亦可能有差異，因此以性別與畢業年代二者為自變項，分別

以初畢業與目前的工作目的及手段價值的各因素爲依變項進行分析，分析結果見**表十一**到**表十四**。

　　表十一的初就業的目的價值顯示，性別與畢業年代的交互作用變項在「外在酬賞」向度上有顯著差異。由**表十二**可以看出，1967年代與1977年代男性較女性重視「外在酬賞」，1987年代的女性則較男性重視「外在酬賞」。另外，畢業年代在「內在酬賞」與「外在酬賞」兩個向度上有顯著差異，由平均數值可以看出，愈年輕的世代愈重視這兩個因素。

　　由**表十三**及**表十四**的目前工作目的價值分析結果顯示，各年代工作者在「集體利益」因素上有顯著差異，愈年輕的世代愈不重視包含國家民族發展、服務社會等價值的「集體利益」因素。不同性別工作者在追求「內在酬賞」因素上有顯著差異。各年代的女性較男性更注重工作是否能滿足自我成長，尤其是1967年代的女性畢業生。此項發現與初就業的目的價值結果相反。可能的解釋是，對早期的女性工作者來說，留任工作多年後子女亦多長大，在沒有經濟壓力下，工作本身的特色與工作經驗帶來的自我成長反而成爲工作的重心，但也有可能是調查時仍在工作的五十六年代女性皆相當有成就，此項研究結果可能只能代表較有成就的女性的工作價值觀念。

　　(1)就工作手段價值方面，**表十五**與**表十六**的分析結果顯示，各年代工作者在初就業時的「弘毅與才幹」、「謙和寬容」及「務實取向」等因素上有顯著差異，愈年輕的世代愈重視「弘毅與才幹」、「務實取向」、「謙和寬容」等因素，雖然性別與年代之交互作用不顯著，唯由

表十一　性別與畢業年代對初畢業時工作目的價值上的
　　　　多變量變異數分析

依變項： 因素名稱	多數項檢驗值 Wilks' Lambda	單變量 F 值
交互作用：性別×畢業年代	.96*	
內在酬賞		1.67
外在酬賞		3.32*
集體利益		0.34
平安和諧		1.45
畢業年代	.90***	
內在酬賞		15.98***
外在酬賞		4.72**
集體利益		.18
平安和諧		2.61
性　　別	.99	
內在酬賞	.90	
外在酬賞		3.24
集體利益		2.04
平安和諧		.01

註：*p＜.05　　**p＜.01

表十二　初就業時工作目的價值平均數——按性別與畢業年代分類

因素名稱	1967年代			1977年代			1987年代		
	男性	女性	整體	男性	女性	整體	男性	女性	整體
畢業時：									
內在酬賞	4.52	4.05	4.15	4.61	4.43	4.52	5.04	5.23	5.14
外在酬賞	3.34	2.54	2.94	3.35	2.92	3.14	3.41	3.60	3.51
集體利益	4.14	3.69	3.92	3.84	3.74	3.79	4.01	3.72	3.87
平安和諧	4.06	3.66	3.86	4.15	4.61	4.38	4.52	4.56	4.54

表十三　性別與畢業年代對目前工作目的價值上的多變量變異數分析

依變項： 因素名稱	多數項檢驗值 Wilks' Lambda	多變量 F值
交互作用：性別×畢業年代	.98	
內在酬賞		.85
外在酬賞		.23
集體利益		1.70
平安和諧		.65
畢業年代	.88***	
內在酬賞		.15
外在酬賞		.83
集體利益		18.02***
平安和諧		2.49
性　　別	.97**	
內在酬賞		6.39*
外在酬賞		2.97
集體利益		.93
平安和諧		1.31

註：*p＜.05　　**p＜.01

表十四　目前工作目的價值平均數──按性別與畢業年代分類

因素名稱	1967年代			1977年代			1987年代		
	男性	女性	整體	男性	女性	整體	男性	女性	整體
1.目　前：									
內在酬賞	5.08	5.70	5.39	5.22	5.42	5.32	5.29	5.44	5.37
外在酬賞	4.23	3.73	3.98	4.28	4.10	4.19	4.38	4.18	4.28
集體利益	4.86	5.58	5.22	4.60	4.46	4.53	4.05	3.91	3.98
平安和諧	6.04	6.20	6.12	5.97	6.20	6.09	5.88	5.90	5.89

表十五　性別與畢業年代對初就業時工作手段價值上的多變量變異數分析

依變項： 因素名稱	多數項檢驗值 Wilks' Lambda	單變量 F 值
交互作用：性別×畢業年代	.98NS	
畢業年代	.90**	
弘毅與才幹		4.78**
謙和寬容		4.13*
安份守禮		.87
正義與自律		.89
務實取向		3.25*
性　　別	.95**	
弘毅與才幹		.03
謙和寬容		.53
安份守禮		.04
正義與自律		1.31
務實取向		7.10**

註：*p<.05　　**p<.01

表十六　初就業工作手段價值平均數——按性別與畢業年代分類

因素名稱	1967年代			1977年代			1987年代		
	男性	女性	整體	男性	女性	整體	男性	女性	整體
畢業時：									
弘毅與才幹	4.98	4.78	4.88	4.92	4.99	4.96	5.14	5.35	5.25
謙和寬容	4.57	4.31	4.44	4.57	4.76	4.67	4.73	5.14	5.44
安份守禮	4.54	4.47	4.51	4.39	4.38	4.39	4.27	4.26	4.27
正義與自律	4.81	5.05	4.93	4.68	4.76	4.72	4.56	4.75	4.66
務實取向	4.32	3.33	3.83	4.25	3.94	4.10	4.30	4.32	4.31

於年輕世代女性較其他年代女性較重視務實，因此造成年輕世代在務實上得分較高。不同性別工作者在「務實取向」因素上有顯著差異。年長世代之男性則較重視實際、通權達變與互惠等價值的「務實取向」因素。

各年代工作者在目前工作手段價值上的「安份守禮」、「正義與自律」因素上有顯著差異。年齡愈長者愈強調「安份守禮」與「正義與自律」等因素。性別方面，女性在「務實取向」因素上得分仍較男性為低（見**表十七**）。

為回答大學主修專業與工作價值觀是否有關係？研究者依中華民國統計年鑑（1990）中對高等教育的分類方式，先行將受試者所填之科系歸類後，再將各類別合併分為四大類，第一類為「人文」學科，包含中文、歷史、哲學、藝術、教育、及各類語文學科。第二類為「法商」，包含法律、企管、國貿等科系。第三類為「社會學科」，包含經濟、政治、社會、心理等學科。第四類為「理工及自然學科」，包含數學、物理、化學、生物、工程、電算及醫藥、農學院各科系等。而後以初就業及目前之工作目的與手段價值為依變項作多變量變異數分析。

由分析結果顯示，大學專業訓練不同者在目的及手段價值上有顯著差異。在初就業時，各專業在目的工作價值中的「內在酬賞」因素上有顯著差異；人文科系較重視「內在酬賞」因素。各專業亦在手段價值的多變量檢驗值上有顯著差異，唯在各單變量檢驗值上無顯著差異。

表十七　性別與畢業年代對目前工作手段價值上的多變量變異數分析

依變項： 因素名稱	多數項檢驗值 Wilks' Lambda	單變量 F 值
交互作用：性別×畢業年代	.98NS	
畢業年代	.88**	
弘毅與才幹		.77
謙和寬容		.23
安份守禮		5.09**
正義與自律		11.04**
務實取向		2.34
性　　別	.97*	
弘毅與才幹		.56
謙和寬容		.34
安份守禮		.04
正義與自律		1.87
務實取向		5.02**

註：*p＜.05　　**p＜.01

表十八　目前工作手段價值平均數——按性別與畢業年代分類

因素名稱	1967年代			1977年代			1987年代		
	男性	女性	整體	男性	女性	整體	男性	女性	整體
畢業時：									
弘毅與才幹	5.66	5.82	5.74	5.52	5.55	5.54	5.55	5.63	5.59
謙和寬容	5.04	5.58	5.31	5.51	5.52	5.52	5.43	5.70	5.57
安份守禮	5.21	5.25	5.23	4.91	4.78	4.85	4.64	4.65	4.65
正義與自律	5.24	5.59	5.42	4.84	4.93	4.89	4.42	4.61	4.52
務實取向	5.15	4.48	4.82	5.16	4.90	5.03	5.19	5.18	5.19

表十九　初就業時大學專業與工作價值之多變量變異數分析

依變項： 因素名稱	多數項檢驗值 Wilks' Lambda	單變量 F 值
1.初就業：目的價值	.96*	
內在酬賞		3.25*
外在酬賞		.79
集體利益		.33
平安和諧		1.07
2.初就業：手段價值	.95*	
弘毅與才幹		1.70
謙和寬容		1.90
安份守禮		.66
正義與自律		1.63
務實取向		.71

註：*p＜.05　　**p＜.01

表二十　不同大學專業工作者在初就業時的工作價值平均數

因素名稱	人文	法商	社會	理工自然	整體樣本
1.初就業：目的價值					
內在酬賞	5.03	4.74	4.50	4.83	4.78
外在酬賞	3.21	3.39	3.19	3.40	3.32
集體利益	3.95	3.95	3.88	3.81	3.89
平安和諧	4.55	4.43	4.19	4.29	4.36
2.初就業：手段價值					
弘毅與才幹	5.25	5.11	4.97	5.00	5.07
謙和寬容	4.95	4.78	4.64	4.63	4.74
安份守禮	4.44	4.42	4.35	4.26	4.36
正義與自律	4.83	4.75	4.75	4.56	4.70
務實取向	4.17	4.30	4.10	4.28	4.23

表二十一　大學專業與目前工作價值之多變量變異數分析

依變項： 因素名稱	多數項檢驗值 Wilks' Lambda	單變量 F 值
1.目前：目的價值	.95*	
內在酬賞		.54
外在酬賞		3.32*
集體利益		.72
平安和諧		2.14
2.目前：手段價值	.93**	
弘毅與才幹	1.36	
謙和寬容		2.16
安份守禮		1.30
正義與自律		5.98**
務實取向		.43

*p＜.05　　**p＜.01

表二十二　不同大學專業工作者在目前的工作價值平均數

因素名稱	人文	法商	社會	理工自然	整體樣本
1.目前：目的價值					
內在酬賞	5.41	5.25	5.27	5.31	5.31
外在酬賞	4.07	4.43	3.99	4.36	4.25
集體利益	4.45	4.42	4.43	4.25	4.37
平安和諧	6.16	6.01	5.92	5.89	5.98
2.目前：手段價值					
弘毅與才幹	5.58	5.66	5.66	5.48	5.58
謙和寬容	5.64	5.53	5.67	5.42	5.54
安份守禮	4.79	4.93	4.88	4.71	4.82
正義與自律	4.85	4.91	5.04	4.49	4.78
正義與自律	4.85	4.91	5.04	4.49	4.78
務實取向	5.28	5.16	5.04	5.17	5.13

表二十三　初就業時的工作性質不同者與初步工作價值之多變量變異數分析

依變項： 因素名稱	多數項檢驗值 Wilks' Lambda	單變量 F 值
初就業：目的價值	.97**	
內在酬賞		.42
外在酬賞		.39
集體利益		8.09**
平安和諧		.20
2.初就業：手段價值	.97*	
弘毅與才幹		3.14
謙和寬容		.34
安份守禮		2.99
正義與自律		5.16
務實取向		.30

註：*p＜.05　　**p＜.01

表二十四　初就業不同工作性質工作者的工作價值平均數

因素名稱	公教人員	民營及自由業者	整體樣本
1.初就業：目的價值			
內在酬賞	4.80	4.73	4.76
外在酬賞	3.27	3.35	3.32
集體利益	4.09	3.72	3.87
平安和諧	4.31	4.37	4.35
2.初就業：手段價值			
弘毅與才幹	5.15	4.98	5.25
謙和寬容	4.75	4.69	4.71
安份守禮	4.45	4.26	4.33
正義與自律	4.82	4.59	4.68
務實取向	4.17	4.23	4.20

表二十五目前工作性質不同者與目前工作價值觀之多變量變異數分析

依變項： 因素名稱	多數項檢驗值 Wilks' Lambda	單變量 F值
1.目前：目的價值	.94**	
內在酬賞		.08
外在酬賞		2.38
集體利益		17.71**
平安和諧		3.69
2.目前：手段價值	.92**	
弘毅與才幹		1.87
謙和寬容	4.49*	
安份守禮		3.65
正義與自律		20.50**
務實取向		2.75

註：*p＜.05　　**p＜.01

表二十六　目前不同工作性質工作者的目前工作價值平均數

因素名稱	公教人員	民營及自由業者	整體樣本
1.目前：目的價值			
內在酬賞	5.32	5.29	5.30
外在酬賞	4.15	4.34	4.25
集體利益	4.64	4.14	4.37
平安和諧	6.07	5.90	5.98
2.目前：手段價值			
弘毅與才幹	5.65	5.53	5.58
謙和寬容	5.65	5.48	5.56
安份守禮	4.93	4.75	4.83
正義與自律	5.04	4.57	4.78
務實取向	5.05	5.21	5.14

　　就目前重視的工作價值來看,各專業在目的價值上的「外在酬賞」因素有顯著差異,法商專長較其他專長更強調「外在酬賞」因素。另外,各專業亦在手段價值上的「正義與自律」因素上有顯著差異,社會科學較其他學科更重視「正義與自律」因素。

　　在工作性質不同者其初就業與目前重視的工作價值觀是否不同此一問題上,依受試者的工作性質可分爲公務員、教職員、公營事業、民營事業、自由業、社會服務業等類。研究者在晤談中發現公、教系統的工作者與其他類型工作者在價值觀上似乎有差異,爲進一步驗證,研究者將受試對象分爲兩類,一類爲「公教人員」包含公務員、教職員、公營及國營企業工作者,另一類爲「民營及自由業者」,並將社會服務業歸於此類,而後進行工作價值比較。首先比較初就業時,從事不同性質工作之工作者是否有不同工作價值觀,再比較目前從事不同性質工作者是否有不同工作價值觀。結果顯示,從事公職或教職者較重視服務社會、幫助他人等「集體利益」因素的目的價值,並較強調「正義與自律」的手段價值。

　　在工作多年之後,仍任職公教系統工作者除了仍較強調「正義與自律」、「謙和寬容」等因素的手段價值。在目的價值上仍舊較強調「集體利益」因素。

四、結果討論

㈠量表內容討論

　　本研究係以本地民眾現在重視的工作價值觀為範疇進行測量題目的蒐集，因此發現的工作價值因素與晚近價值觀研究結果有類似之處。楊國樞、鄭伯壎（1987）測量工作者傳統價值得到五個因素分析，是「家族主義」、「謙讓守分」、「面子關係」、「團結和諧」、「克難刻苦」，其中「謙讓守分」因素及「面子關係」因素與本研究的「謙和寬容」及「安份守禮」因素在內容上有部分相似。楊、鄭二氏的研究以傳統手段價值為範疇，故與本研究的工作手段價值中的傳統因素類似。

　　黃光國（1994）以大學生為對象，請大學生比較其本身與上一代之價值，價值觀量表涵蓋七個因素，其中「功利價值觀」與「目的價值觀」分別與本研究之工作目的價值的「外在酬賞」及「平安和諧」因素類似。「知識價值」因素、「工作價值」因素與本研究中手段價值的「弘毅與才幹」及「謙和寬容」二因素測量的題目有類似性。

㈡各世代共同的價值觀念

　　問卷量表分析結果顯示，各世代工作者在工作目的與手段價值上

有差異存在，但也有共同之處。在解釋各個世代工作價值觀的共同趨
勢與差異的來源時，研究者根據在晤談時受訪者主觀感受到影響其工
作價值的因素，與文獻中記載可能影響工作價值重要的因素進行討
論。研究者認爲影響個體價值的因素是多因且互相影響的。唯造成世
代間差異的主要因素應是：個人價值形成重要時期（指中學到工作初
期）的社會規範所傳達的各類價值觀念；與當時社會物質條件；個人
所處的生涯發展階段。本研究的三個年齡層，按照Super（1980）生涯
發展理論，西方社會人們在14到25歲左右爲職業探索期，25到45歲爲
職業建立期，45到60歲爲職業維持期。處於不同發展時期者重要的工
作目的與手段價值可能不同。工作經驗，經由組織的獎懲與工作的適
應傳遞的價值觀念。

　　各世代工作者在初就業時皆重視工作本身是否能發揮其專長、得
到成就感、自我成長、實踐理想等「內在酬賞」因素。最不重視的是
「平安和諧」的生活，但在就業一段時間之後變化最大的是重視工作
能否帶來平安與安定的生活，人際關係的和諧與內心的和諧。即使是
1987年代的畢業生，在受訪時男性通常工作了三年左右，女性約爲五
年左右，仍由最重視「內在酬賞」轉而最重視「平安和諧」的生活。
這可以用生涯發展階段因素來解釋，受測時約二十六、七歲的1987年
代畢業者正面臨「成家」前的準備階段，在追求配偶與建立家庭的考
量上，工作的保障是相當重要的，1977年代的人多數已婚，除個人處
於企業或公教系統中的中間階層的管理者，其子女亦多在幼年或是小
學階段，家累甚重，對安全保障也相當重視。1967年代的人則可能是

因為事業已達巔峰，加以工作中經歷許多挫折磨鍊，因此希望能過著
平安和諧的生活。

　　另一個影響是工作經驗，不論從事公民營職業的從業者皆強調人
際關係和諧的重要性，年輕世代希望在工作中受上司同僚接納，中生
代則需要統馭部屬與其他部門協調，作上下之管道，年長世代的工作
重心之一便是調和人事，工作經驗使工作者瞭解人和的可貴性。而各
世代就業初期在「平安和諧」重視程度上之差異，可能是由於在不同
世代價值形成時期傳統價值觀影響力的強弱。

　　問卷結果中，各年代的另一項共同特色是初就業時與目前皆相當
重視工作的「內在酬償」因素，並且超過對「外在酬賞」的重視。但
是對「外在酬賞」的重視程度亦增加甚多，這可能反映出我國社會多
數大學畢業工作者受到現代教育重視個人自我實現觀念與社會規範中
功利主義的影響，使個人一方面重視自工作中可以得到的成長與成
就、獨立自主與發揮個人專長的感受，一方面也要求能得到物質、聲
望與地位等回報。

　　就業後，對「外在酬賞」的肯定，可能是由於工作者的工作經驗
與價值形成時期傳統價值兩項因素互動的影響。黃光國（1988）認為
「在儒家倫理的影響下，促使個人追求成就的動機來源可能有三種：
⑴自工作本身所獲得的滿足感；⑵工作報酬（物質與精神、名譽）可
以滿足個人及家庭成員的需求，而獲得的滿足感；⑶因工作成就受到
關係網內其他人的尊重，自己覺得有面子，在精神方面產生滿足感（頁
285)」。工作者或許經由傳統價值的社會化已具有上述動機，然而在初

就業時，年長世代工作者由於當時的經濟落後，尚未想到追尋名望、地位、權勢等，大多只求一份能溫飽、有學習機會的職位；年輕世代則要求符合有興趣、能成長的工作，在工作後，組織內的酬賞方式與社會的期望喚起了各個世代工作者對這些外在酬賞的重視。

　　手段價值的共同變化趨勢亦反映出傳統價值與工作經驗的互動，問卷分析結果的第三個共同點來自工作手段價值，各世代在初就業與目前皆強調「弘毅與才幹」因素，亦即重視信用、負責任、堅毅、理性思考、自我肯定、效率、努力、誠懇、耐心。反映出儒家所強調的「知恥力行」的價值，而由於組織要求員工努力磨練自己的能力，使就業經驗更強化了此類價值觀念。

　　問卷分析結果的第四個各世代的共同點是初就業到目前手段價值變化最大的前二項皆是「務實取向」、「謙和寬容」。最重視的則是「弘毅與才幹」等因素，如文獻所分析，國人傳統價值中本就重視實際與自我約束，在多數組織中，尊卑分明，個體必需學習忍耐、能接受批評指責，也要學習「謙和寬容」以求「人和」達成平安和諧的目的價值。

㈢各世代工作價值的差異

　　就各個年代的工作目的價值不同之處來看，初就業時愈年輕的世代愈重視工作是否具同時有「內在的酬賞」與「外在酬賞」的特性。年輕的世代比較注重工作是否能發揮其專長、得到成就、自我成長與符合興趣之外，也會希望能得到財富、地位、聲望、舒適的環境等外

在酬賞。就業後，愈年長的世代愈重視「集體利益」，如國家民族發展、服務社會、幫助他人等。這種目的價值差異可以歸因於各世代價值形成時期的社會規範的不同。黃光國（1990：54-59），認為中國知識分子重視兼善天下，行仁等服務社會的概念，這些價值對年長世代的影響較大。年輕世代已開始接觸強調個體自我成長的教育觀念與物質的生活經驗，成長環境的富裕也能使他們不必克制自己。相對地，工作初期的困苦環境，可能使年長世代較為克制對外在酬賞的需求。

另一可能因素是「生涯發展階段」。五十歲左右是功業成就的穩定期，人們較有回饋的意願，也較有經濟能力幫助他人。年輕世代則正在探索其生涯方向與建立事業，而較重視工作的內、外在酬賞。1967年代受訪者幾乎都有困窘的童年經驗，在大學畢業時都急需工作維生，因工作機會不多，選擇性不高，故不可能如年輕世代者考慮興趣、待遇、與工作環境。在就業多年後，1967年代的工作者大都是主管階層，他們大都強調早年的努力已有成果，目前的重心放在如何回饋家庭與社會；年輕世代則強調工作需有成長學習與成長的機會，並希望工作能提供合理的待遇。

就手段價值來看，成長時期不同價值觀、社經條件與生涯發展中個人目前所處的位置可能是重要因素。初就業時年輕世代可能因為位置較低，需要努力學習，故在手段價值方面較強調「弘毅與才幹」及「謙和寬容」。目前手段價值方面，年長世代可能由於所處的位階較高，且多是管理眾多部屬的位置，較重視「安份守禮」與「正義與自律」。這些差異也有可能是成長時期社會規範的差異，在傳統社會中正

義、清高、廉潔、寡慾、反權威等高風亮節的形象相當受重視，並且尊重傳統、強調尊卑有序、節儉、安份、穩重、服從等價值。但是現在年輕世代價值形成期的傳播媒體所強調的成功模式，大多包含了能力、理性、效率等特性，鮮少強調安份守成與寡慾等特性。

　　社會經濟狀況不同是另一因素，早期工作機會選擇少，跳槽機會不多。由以往離職研究顯示，在工作多年之後，換工作意願較低，對組織滿意度較高(羅國英、王叢桂，1989)。換言之，留在原位愈久，就會愈重視維持穩定、安份守禮、節制自律等價值。相對的，現在社會環境富裕，加上工作機會多，使年輕世代覺得藉由跳槽，以尋求合乎自己興趣與發展潛能的工作是「正當合理」的，年輕世代自然較難安份守成。

　　較難以解釋的結果是，年輕世代較注重「謙和寬容」，此發現與根據價值形成時期的影響所作的推論不同，年長世代應接受較多的傳統價值，而較重視「謙和寬容」，可能的解釋是他們的工作位階有關。年輕世代大都處於工作階層的底層，必需學習接受這些價值。不過，受訪的年長世代在回憶中常覺得自己年輕時較目前年輕世代為謙虛與願意學習(王叢桂，1992)。量表上的差異與晤談中各世代的知覺判斷結果並不相符。未來研究應就此點加以探討。

㈣專長、工作性質與性別的影響

　　人文學科的學生較其他專業在初就業時更重視「內在酬賞」。相對於法、商、理、工等就業機會較明確的科系，人文學科的工作的「外

在酬賞」較差，而文、史、哲等系的修養，可能使工作者較注重工作的內在樂趣。在目前工作價值方面，法商學科較其他學科重視「外在酬賞」因素。而手段價值方面，社會科學學科仍較重視「正義與自律」因素。這可能是因為法商學科以鼓勵學生重視實務與外在酬賞報酬，而社會學科大多起源於重視民主、反權威的西方社會，對國家與文化瞭解的重視和社會問題的分析訓練使學生較能省思與檢討威權體制及注重社會改革。

另外，公教系統工作人員在初就業與目前皆較非公教人員更重視「集體利益」與「正義與自律」因素，顯示公教機構中成員在進入此系統之前與工作多年之後價值觀相當一致。這可能是具有上述價值者較可能選擇並且留任於公教系統，而此系統的結構亦會增強其價值觀念。

最後，研究顯示初就業時年齡較長的女性較不重視「外在酬賞」，年輕女性則較男性重視「外在酬賞」，在就業多年後，女性較男性更注重「內在酬賞」。這種目的價值的差異可以自價值形成期社會規範、性別角色及生涯發展之三個因素互動來解釋，過去研究顯示，婦女在就業時多希望事業與家庭兼顧，但在事業與家庭衝突時，多數婦女仍會以家庭為重(呂玉瑕，1970；趙文藝、沙依仁、盧金山，1986)。趙文藝等人(1986) 發現，面對家庭與事業的選擇時，在學大專女青年願意選擇家庭的佔83.8%，而認為妻子收入地位高過先生會妨礙夫妻感情的佔56.55%，顯示社會規範不鼓勵女性在外在酬賞上超越男性。女性在就業多年子女長成後，已不易在外在的地位、權勢上超越男性，故

較可能專注於工作能帶來的內在成長。

在手段價值方面，男性在初就業與就業後皆較女性重視務實取向，此種傾向符合對兩性不同的目的價值的追求，男性必需重視競爭、能幹實際、通權達變、求新求變、恩威並施等務實手段價值，以便爭取外在的功名地位。

㈤本研究結果的限制

1.本研究以三個世代的大學畢業者爲對象，然而1967年代與1977年代有相當多的人在留學之後便留居國外工作，1987年代則有相當多的人正在留學（尤以國立大學爲最多），這些人的價值觀念與一直留在國內工作者或出國留學後回國工作者是否相同？另本次研究未包含醫學院之醫科與某些專業科系，如核工、建築之類，研究結果在類推到一般群體時，需要考慮上述限制。

2.1967年代能夠唸大學的女性本來就較男性爲少，再加上多數女性畢業生在工作數年結婚之後，便辭去工作，造成樣本中女性較少的現象，而這些接受調查的女性多半有相當成就，她們的價值觀念可能較一般女性不同。因此，研究結果發現1967年代女性在目前較男性更重視「內在酬賞」，可能是因爲這些堅持工作的女性與一般女性不同。也有可能是工作成就給予她們自信。換言之，可能是「性格能力」與「情境回饋」的互動造成了她們的價值變遷。

3.本研究對初就業價值採回溯記憶方式，受訪對象中多數表示，回憶可能有誤或表示不能很清楚記憶，因此，這部分的析結果可能在解

釋及類推上需要注意。

　　本量表由於多爲正向題目，可能受到社會贊許度(social desirabil-ity) 的影響。一項可能的質疑是本研究發現受試在工作後，在大多數工作價值因素上的重要性分數皆顯著較初就業爲高，是由於受試在回憶其過去價值時，受到社會贊許性的影響，受試覺得自己就業後「應該」有所改變。由受試在回答各項題目的變化方向來看，社會贊許度並不足以解釋工作後的價值變遷與各世代間之價值差異，例如：年輕世代在「集體利益」因素上的變化便不顯著，只有年長的兩個世代在這方面的重視性有顯著增加。此外，現代化社會強調平權的觀念，年長世代較年輕世代在初就業時對「尊卑有序」手段價值的重視程度較高（1967、1977、1987年代平均值分別爲4.70、4.25、4.02）此項差異符合時代由傳統漸改爲現代之傾向。在就業數年後，各世代對尊卑有序的重視度皆提高（平均值分別爲5.41、4.77、4.41）顯示社會雖贊許平權觀念，就業的經驗却可能使人較願意接受尊卑觀念。另以恩威並施的手段價值而言，年輕世代較年長世代爲重視（1967、1977、1987年代平均值分別爲3.39、3.62、3.74）。在就業後皆增高（4.93、5.02、4.81）；但以1977年代及1967年代較1987年代高，其可能解釋爲年長世代目前所擔任的工作職位較可能是管理者，因此較重視此項價值，而不是因各代之間對問卷可能引起的社會贊許度的不同程度而造成的答題反應。

　　就目的價值來看，年輕世代或許因較能面對社會贊許壓力而較年長世代敢於承認願追求外在酬賞，但是上述解釋明顯不適用於對「權

勢、能影響與支配他人的資源的追求」的目的價值（1967、1977、1987年代初就業是2.69、2.45、2.73；就業後為4.02、4.04、3.70）。年輕世代較年長世代在初就業時重視度高，在就業後在權勢上的重視為低，上述結果較可能是反映在不同世代在職位或地位上的差異，而不是受問卷社會贊許度的影響。

此外，信義文教基金會委託台大管理學院於1993年就台灣地區就業者工作價值進行調查，該調查採用本計劃之量表，目的價值部分保留十六題，手段價值方面則保留二十二題。目的價值方面的四個因素分別是「平安和諧」、「外在酬賞」、「集體利益」、「內在酬賞」。手段價值方面則為「謙和寬容」、「能力與理性」、「忠信」三個因素。在目的價值觀方面顯示，男性較女性重視外在酬賞，不同出現年次，就業者在集體利益上有顯著差異，年輕者較不重視「集體利益」，較重視財富（經濟報賞）。手段價值方面，女性較男性重視「謙和寬容」。出生年次較早者（1958年次）較其他年齡組（1959-1965年次、1966-1969年次、1970年次之後）重視「忠信」因素。該研究與本研究有類似之發現，顯示本量表確能區分不同世代與性別的工作目的與手段價值上的差異。

五、結論

本研究以三個世代大學畢業生為對象進行工作目的及手段價值的

訪談與調查，研究結果顯示，整體而言，各個世代初就業時皆注重工作能帶來的內在成長；就業後，工作經驗使工作者追求「平安和諧」，其次是「內在酬賞」與「外在酬賞」。在手段價值上，初就業與受測時皆最重視「弘毅與才幹」；就業後，變化最大的是變得更重視「務實取向」，其次是「謙和寬容」。不過，年輕世代與較年長的兩個世代在價值上的差異，顯示年輕世代已受到社會經濟結構改變的影響，較不重視服務國家民族的「集體利益」，而較重視個人成長的「內在酬賞」與重視物質權勢地位的「外在酬賞」。手段價值方面年長世代較重視「安份守禮」、「正義與自律」等因素。

教育背景亦有影響，人文科系較其他科系在初就業時更重視「內在酬賞」，法商科系則在就業後較重視「外在酬賞」。工作性質的分析則顯示，公教人員較民營工作者重視「集體利益」，手段價值上重視「謙和寬容」與「正義與自律」。

除此之外，女性工作者與男性工作者在價值觀上的差異顯示，目的價值方面，男性仍較女性重視「外在酬賞」，手段價值方面則男性較女性重視「務實取向」，唯年輕世代的女性已逐漸脫離傳統上「配合男性」的角色，開始要求自己的工作成就。

研究者推論上述的價值共同變化趨勢與差異的形成是多因的，其中較重要的是下列因素：

1.個人在價值形成時期所接受的社會集體重視的價值。各世代社會集體意識中價值觀念皆為傳統與現代混合的，唯較年長世代的集體意識較為傳統。

2.工作經驗與工作特性,工作使個人開始瞭解自己的需求,初就業時,為求進步會重視成長之機會,就業數年後,在組織中晉升或創業,皆會使個體重視能力之磨鍊與資源的累聚,因此工作的目的除了追求內在成長的滿足,亦追求外在酬賞等,而工作階段的人際互動皆使個人重視和諧。教育專業可能影響初期工作的選擇與未來發展,工作環境的要求(公民營)亦會使在其中的工作者發展出不同的目的與手段價值。

3.個體的生涯發展階段亦會影響其價值觀,對較早世代來說,已達「生涯顛峰」開始重視回饋社會的生涯變化會影響其目的價值(集體利益),位置的不同亦影響其手段價值(安份守禮、正義與自律)。

4.價值形成期社會規範對性別之要求與目前社會上各工作組織,大多會要求女性配合男性作調整,此種社會的集體價值會使女性較為抑制追求成功的慾望,唯年輕世代女性已較敢於追尋外在酬賞,亦顯示年輕世代社會集體規範重視女性自主的價值的影響。

總之,工作價值觀的形成是多因的,而工作經驗有助於對工作追尋的目的價值與達成目的所需的手段價值的澄清與穩固,由本研究的發現來看,雖然年輕世代比年長世代較不重視傳統的目的及手段價值,傳統價值仍然經由教育、工作組織與社會規範對個人工作價值有相當程度的影響。

參考文獻

註：本研究資料來自國科會補助之研究計劃，計劃編號為NSC-81-0301-H031 -02

中文參考文獻

王叢桂（1992）：〈社會轉型中之工作價值變遷研究〉。行政院國家科學委員會研究計劃成果報告。

李戈北（1993）：〈海峽兩岸小學語文教科書價值觀之分析研究〉。見教育部人文及社會學科教育指導委員會（主編）：《人文及社會學科教育專題研究》。台北：三民書局。

行政院主計處（1990）：《中華民國統計年鑑》。台北：行政院主計處。

行政院主計處（1993）：《中華民國、台灣地區人力運用調查報告》。台北：行政院主計處。

呂玉瑕（1970）：〈婦女之角色意識與就業態度的研討〉。《中央研究院民族研究所集刊》（台灣），50期，25-66。

何英奇（1986）：〈我國大學生次文化及其相關因素之研究〉。《教育心理學報》（台灣），19期，105-148。

何英奇（1990）：〈大學生自我認證與次文化近五年間的轉變：以師大教育院系學生為例〉。《教育心理學報》（台灣），23期，119-142。

信義文教基金會（1993）：〈台灣地區就業者工作價值觀調查報告〉。
　　國立台灣大學管理學院工作價值觀研究小組，未發表之論文。

陳英豪、汪榮才、劉佑星、歐滄和及李坤崇（1988）：《工作價值量表
　　指導手冊》。台北：行政院青年輔導委員會。

區潔珍（1993）：〈課程內容與現代性：香港及台灣小學課本的比較研
　　究〉。《現代教育通訊》（香港），9月號，20-30。

黃光國（1983）：〈台灣地區企業組織型態與員工工作士氣〉。《中央研
　　究院民族研究所集刊》（台灣），56期，145-193。

黃光國（1988）：《儒家思想與東亞現代化》。台北：巨流圖書公司。

黃光國（1990）：《自我實現的人生》。台北：桂冠圖書公司。

黃光國（1991）：〈自我實現與華人社會中的價值變遷〉。台灣大學心
　　理學系，未發表之論文。

黃光國（1994）：〈儒家價值觀的現代轉化：理論分析與實徵研究〉。
　　台灣大學心理學系，未發表之論文。

楊國樞（1988）：《中國人的蛻變》。台北：桂冠圖書公司。

楊國樞（1989）：〈中國大學生的人生觀〉。見李亦園、楊國樞（主編）：
　　《中國人的性格》。台北：桂冠圖書公司。

楊國樞、鄭伯壎（1987）：〈傳統價值觀、個人現代性及組織行為：後
　　儒家假說的一項微觀驗證〉。《中央研究院民族研究所集刊》（台
　　灣），64期，1-49。

葉啓政（1982）：〈「傳統」概念的社會學分析〉。見中華文化復興運動
　　推行委員會（編）：《傳統文化與現代生活研討會論文集》。台北：

中華文化復興運動推行委員會。

趙文藝、沙依仁、盧金山（1986）：《在學女青年職業興趣與職業選擇之研究》。台北：行政院青年輔導委員會。

羅國英、王叢桂（1989）：〈離職行為的理性決定過程〉。行政院國家科學委員會，研究計劃成果報告。

英文參考文獻

Berger, P. L. (1983). *Secularity: West and east.* Cultural identity and modernization in Asian countries. Kokugakuin University Centennial Symposium.

Brindley, T. A. (1989). Socio-psychological value in the Republic of China(I). *Asian Thought and Society,* 14 (41-42), 98-115.

Brindley, T. A. (1990). Socio-psychological value in the Republic of China(II). *Asian Thought and Society,* 15, (43), 1-15.

Erikson, E. H. (1968). *Identity: Youth and crissis.* New York: Norton.

Hofheinz, R., Jr., & Calder, R. E. (1982). *The eastasia edge.* New York: Basic Books.

Hofstede, G. (1980). *Culture's consequences: International differences in work-related values.* Newbury Park, CA:Sage.

Kahn, H. (1979). *World economic development: 1979 and beyond.* London: Croom Helm.

Kalleberg, A. L. (1977). Work values and job rewards: A theory of job satisfaction. *American Sociological Review*, 42, 124-143.

Kazanas, H. C. (1978). Relationship of job satisfaction and productivity to work values of vocational education graduates. *Journal of Vocational Behavior*, 12, 155-164.

Krau, E. (1987). The crystallization of work values in adolescence: A sociocultural approach. *Journal of Vocational Behavior*, 30, 103-123.

MacFarquhar, R. (1980, Febrary 9). The post confucian challenge. *The Economist*, 67-72.

Macnab, D., & Fitzsimmons, G. W. (1987). A multitrait-m ultimethod study of work-related needs, value, and preferences. *Journal of Vocational Behavior*, 30, 1-15.

Mirels, H., & Garrett, J. (1971). The Protestant ethic as a personality variable. *Journal of Counsulting and Clinical Psychology*, 36, 40-44.

Pryor, R. G. (1979). In search of concept: Work values. *The Vocational Guidance Quarterly*, 27, 250-258.

Rokeach, M. (1973). *The nature of human values*. New York: Free Press.

Schein, E. F. (1980). *Organizational psychology* (3rd ed.). Englewood Cliffs, NJ: Prentice-Hall.

Schiffman, L. G., & Kanuk, L. L. (1991). *Consumer behavior* (4th ed.). Singapore: Prentice-Hall.

Super, D. E. (1970).　*Manual of work values inventory.* Chicago: Riverside.

Super, D. E. (1980).　A life span, life space approach to career development. *Journal of Vocational Behavior,* 16 (30), 282-298.

The Chinese Culture Connection (1987).　Chinese values and the search for culture-free dimensions of culture. *Journal of Cross-Cultural Psychology,* 18, 143-164.

Vaus, D., & McAllister, I. (1991).　Gender and work orientation. *Work and Occupations,* 18 (1), 72-93.

國家圖書館出版品預行編目資料

海峽兩岸之企業倫理與工作價值 / 王叢桂等作. -- 初
版. -- 臺北市：遠流, 1998 [民 87]
　　面；　公分. -- （海峽兩岸管理系列叢書；2）

　　ISBN 957-32-3592-7(平裝)

　　1. 職業倫理 - 企業 - 論文, 講詞等　2. 兩岸關係

198.4907　　　　　　　　　　　　　　　　87012453